LES

CHEMINS DE FER

AUX ÉTATS-UNIS

Coulommiers. — Imp. PAUL BRODARD. — 774-95.

LOUIS PAUL-DUBOIS

AUDITEUR A LA COUR DES COMPTES

LES

CHEMINS DE FER

AUX ÉTATS-UNIS

PARIS

ARMAND COLIN ET Cie, ÉDITEURS

Libraires de la Société des Gens de Lettres

5, RUE DE MÉZIÈRES

1896

AVANT-PROPOS

Nous avons noté dans les pages qui suivent les résultats généraux d'une enquête faite au cours de l'année 1893 sur le régime économique, financier et légal des chemins de fer aux États-Unis. Une partie de ces études a déjà été publiée dans la *Revue des Deux Mondes* [1], la *Revue politique et parlementaire* [2] et l'*Économiste français* [3].

Le *railroading* aux États-Unis, ses problèmes économiques, ses méthodes financières

[1]. 15 mai 1895.
[2]. 5 janvier 1896.
[3]. 23 février 1895.

et ses conditions légales, ont déjà fait l'objet en Amérique d'un assez grand nombre de publications. Nous signalerons un excellent petit ouvrage de M. C. F. Adams, *The railroads, their origin and problems* [1]; une étude magistrale du professeur A. T. Hadley, *Railroad transportation* [2], qui a été traduite par M. Arthur Raffalovich; un volume de M. Hudson, *The railroads and the republic* [3], dont les conclusions sont quelque peu étranges, mais qui renferme quantité de détails très caractéristiques; un ensemble de vues pratiques bien originales présentées par M. Swann sous le titre *An investor's notes on american railroads* [4]; enfin un intéressant essai de M. Stickney, *The railroad problem* [5]. En Angleterre, M. Van Oss a publié en 1893 un excellent volume sur la matière, *American railroads as investments* [6],

1. New-York, 1888.
2. *Ibid.*, 1883.
3. *Ibid.*, 1889.
4. *Ibid.*, 1887.
5. Saint-Paul, 1891.
6. Londres et New-York, 1892.

suivi peu après d'une nouvelle publication, *American railroads and british investments*. Enfin nous devons beaucoup au remarquable *Traité des chemins de fer américains* de MM. Lavoinne et Pontzen, qui signale, après les questions techniques, un grand nombre de points intéressants du régime financier et légal des compagnies, et dont le seul défaut est d'être aujourd'hui vieux de quatorze ans.

Parmi les documents statistiques officiels ou semi-officiels qu'on pourra trouver avantageux de consulter sur les chemins de fer aux États-Unis, nous citerons le très commode *Manual of railroads* de M. Poor, la statistique et le rapport annuels de l'*Interstate commerce commission*, le très consciencieux *Commercial and Financial Chronicle*, qui publie des suppléments récapitulatifs bimestriels fort bien conçus, enfin les rapports des Commissions de contrôle des États, particulièrement du New-York, du Massachusetts et de l'Illinois.

L. P.-D.

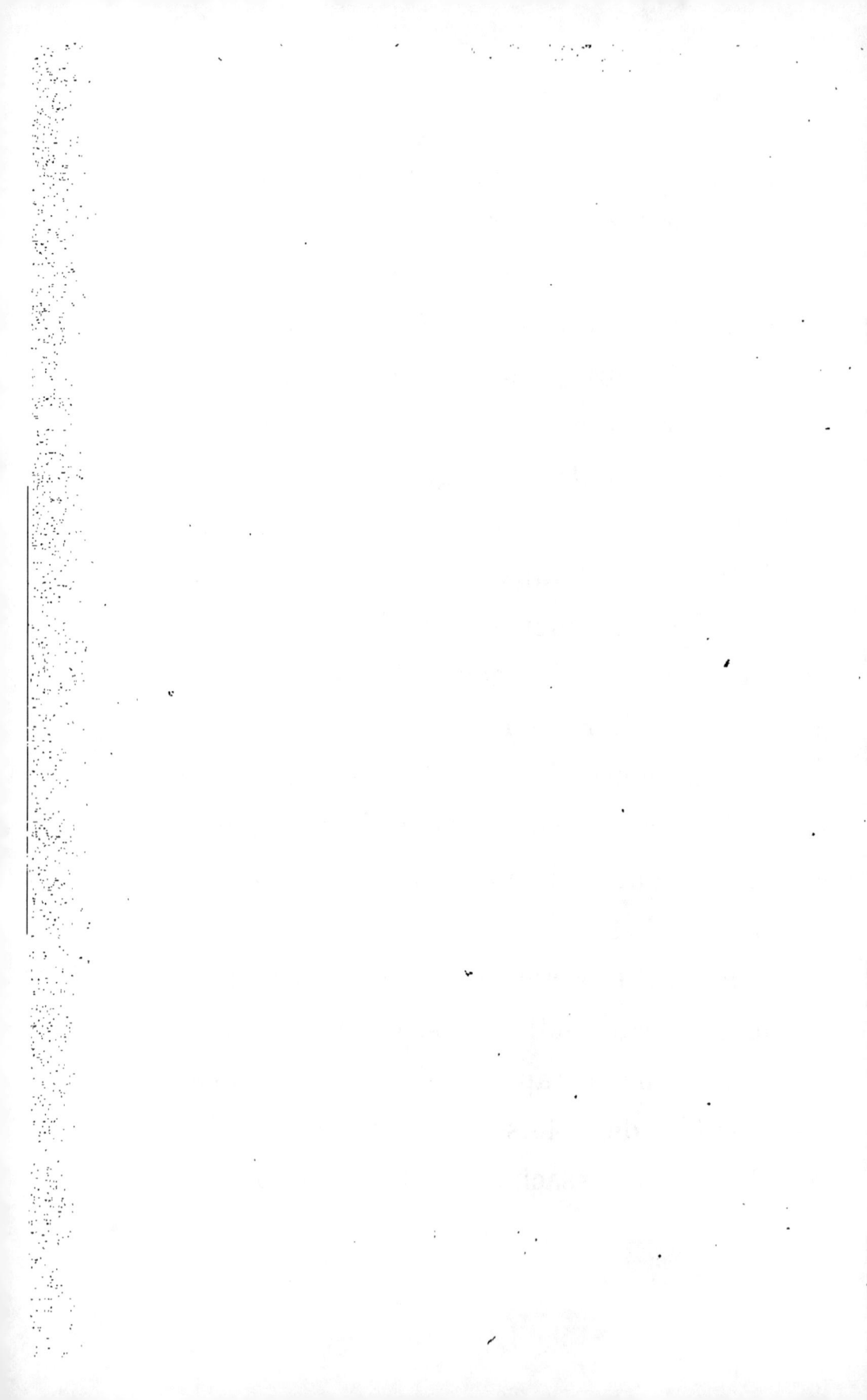

LES

CHEMINS DE FER

AUX ÉTATS-UNIS

CHAPITRE I

Le régime économique.

« En Europe, la question est de créer des
chemins de fer; en Amérique, de les tenir sous
la domination de la loi (*to control them*). » Telle
est, dans son expression forcée, mais caractéristique, l'opinion que nous avons souvent entendu
émettre aux États-Unis, non sans y trouver
d'ordinaire une nuance de dédain pour le vieux
monde. Un coup d'œil jeté sur les progrès et
l'état actuel des chemins de fer dans l'Union
nord-américaine nous permettra de voir ce qu'il
y a de vrai dans cette parole.

Le premier chemin de fer a été entrepris en Amérique en 1827 ; vingt ans plus tard, les États-Unis ne comptaient encore que 14 000 kilomètres de lignes ferrées ; aujourd'hui le réseau comprend 282 000 kilomètres, soit un quart de plus qu'en Europe, pour une superficie territoriale plus petite du sixième et pour une population cinq fois moindre ; c'est le réseau le plus serré qui soit au monde. Depuis l'ouverture de la première ligne transcontinentale, célébrée solennellement à Promontory Point le 10 mai 1869, cinq nouvelles voies ont percé les Rocheuses de part en part et assuré ainsi l'union des États du Pacifique au reste du territoire, sans compter leur rival du nord, le *Canadian Pacific railway*, qui a doté le commerce du globe d'une nouvelle grande route, et fait l'Extrême-Occident de l'Extrême-Orient. De tous côtés la fièvre du mouvement étonne des yeux européens. Voyez chacun des marchés de l'ouest, chacun des centres manufacturiers de l'est des États-Unis : autour d'eux, c'est un rayonnement extraordinaire et indescriptible de lignes enchevêtrées qui se divisent, se coupent, se multiplient et fuient dans toutes les directions, malgré tous les obstacles, fécondant sans cesse l'activité qu'elles desservent. De New-York à Chicago, neuf compagnies principales se disputent le trafic des voyageurs, et les visiteurs de la *World's columbian Exhibition* ont déjà dit par quel luxe de confort et de mauvais goût elles attirent la clientèle. Les commerçants choisissent entre vingt routes pour leurs expéditions entre le grand port de l'Atlantique et la capitale de l'Illinois; deux de ces lignes portent une quadruple voie sur la moitié de leur longueur, et le mouvement de marchandises du *Pennsylvania railroad* est quatre fois supérieur à celui de notre réseau du Nord. Le capital des compagnies représente le sixième de la fortune totale de la nation.

Les progrès merveilleux réalisés par l'industrie des transports aux États-Unis s'expliquent par le rôle essentiel que les chemins de fer ont joué dans le développement du territoire, et par l'influence prépondérante qu'ils exercent dans la vie économique du pays. Ces conditions et cette importance toutes spéciales sont assez bien mises en relief par la très grande part d'intérêt qu'attachent aux *railroad matters* les journaux et le gros public; elles ne semblent pas avoir été toujours appréciées à leur valeur par nos voisins d'outre-Manche, grands contempteurs des

yankee rails par orgueil de leurs *home rails*. En
Amérique, le chemin de fer est le premier et le
principal facteur du travail de la colonisation :
pour ouvrir un territoire nouveau, on commence
par y jeter une voie ferrée; le colon vient
ensuite, il occupe et met en valeur les terres
riveraines, et l'élément de trafic qu'il apporte
à la ligne paie la compagnie du service qu'elle
lui a rendu. C'est donc véritablement le chemin
de fer qui crée le pays, et c'est bien à lui
que les Américains doivent le succès prodigieux de leur développement national. Ils lui
doivent autre chose encore. Dans ces territoires
immenses où les richesses naturelles sont si
variées, les progrès de l'industrie des transports
ont permis d'assurer à chaque région le maximum d'utilisation de ses forces propres, et de
localiser chaque nature de production là où elle
rencontre les conditions les plus favorables.
Ainsi chaque État a sa spécialité économique :
le Minnesota est l'État du blé, l'Iowa le pays du
maïs, le Nebraska fait de la viande. Nulle part
la distance entre le producteur et le consomma-
teur n'est plus grande, nulle part la question des
prix de transport n'a un intérêt plus général,
nulle part le commerce intérieur n'est plus

étroitement sous la dépendance des chemins de fer. Le développement extraordinaire des chemins de fer américains depuis un demi-siècle est, à la vérité, moins remarquable que ne l'est à l'heure actuelle l'empire colossal de leur puissance économique et financière.

Ce résultat a été l'œuvre de la seule initiative privée et libre. Un caprice de la fortune a voulu qu'aux États-Unis les tentatives de concours financier des pouvoirs publics fussent presque toujours frappées de stérilité ou ne profitassent qu'à la spéculation ; le succès est réservé à l'effort individuel. En revanche celui-ci est singulièrement énergique, violent même, audacieux à l'excès, et sa fécondité merveilleuse ne saurait trouver de plus splendide témoignage que l'admirable expansion des chemins de fer dans le territoire de l'Union. A l'heure où tant de nations européennes semblent admettre l'ingérence toujours croissante de l'État dans les diverses fonctions de la vie sociale, à la veille du jour où l'application pratique d'une force supérieure à la vapeur va peut-être révolutionner encore une fois le monde économique, l'attention se sent attirée vers cette œuvre d'activité individuelle et d'association volontaire.

1.

Nous avons à exposer ici le régime de liberté et de concurrence auquel est soumise, aux États-Unis, l'industrie des chemins de fer, en l'envisageant d'abord dans la construction, puis dans l'exploitation des lignes, en signalant ensuite ses conséquences dans les rapports des chemins de fer avec le public et la législation, et ses résultats dans l'organisation et la gestion intérieure des compagnies.

I

En fait, sinon en droit, la plus grande liberté préside à la création des chemins de fer aux États-Unis : l'autorité confère, en pratique, le privilège de l'investiture légale à toute entreprise formée selon les statuts locaux; c'est le « laissez faire », moins l'indifférence pour ce qui se fait. Ce régime, aussi vieux que les premières voies ferrées, n'est pas le résultat d'un principe posé *à priori* par les pouvoirs publics, mais s'est établi tout naturellement, comme le système le plus simple, au même titre que le « laissez passer » dans le commerce intérieur. La même

liberté ou, si l'on veut, la même licence, a existé
en Angleterre lors de ce qu'on a appelé la période
de la folie des chemins de fer, mais elle dura peu,
et les gros frais des enquêtes, qui absorbèrent le
dixième du capital des compagnies, eurent vite
fait de mettre à la raison les spéculateurs les
plus entreprenants. En Amérique, l'immensité
des territoires à coloniser et l'absence de routes
terrestres firent tout d'abord un devoir aux législatures de faciliter la construction des lignes
ferrées ; on n'ouvrit pas le trésor public, mais on
débarrassa de toute entrave légale la constitution
des compagnies, et c'est cette politique favorable, mais réservée, qui a subsisté depuis lors.

La concession, au sens européen du mot,
c'est-à-dire l'exploitation d'un monopole conféré
par l'État sous certaines conditions, est chose
inconnue en Amérique ; la *charter*, pure forma-
lité commerciale, est l'acte constitutif de toute
société anonyme, rendu par la législature qui,
seule, a le droit de créer des personnes morales
à existence collective et personnelle. Cet acte
reconnaît et détermine officiellement la ligne à
construire, accorde à la compagnie le droit
d'expropriation, sans lui attribuer d'ailleurs monopole ni privilège d'aucune sorte ; en revanche,

on l'obtient sans condition. Pas d'enquête d'utilité publique, si ce n'est dans quelques États de
l'est où cette mesure est d'ailleurs illusoire :
on s'en rapporte aux fondateurs pour apprécier
si la ligne doit être productive, c'est-à-dire utile.
Les législatures fixent le montant du capital de
la compagnie, mais leurs exigences sont d'habitude fort modestes à cet égard; c'est ainsi que
MM. Leland Stanford, C. P. Huntington et
C. F. Crocker ont pu entreprendre la construction du *Central Pacific railroad* avec moins
de deux cent mille dollars dans leurs poches; le
versement du capital n'est contrôlé que par les
intéressés, s'ils le peuvent. Enfin la *charter* est
tout particulièrement exempte des charges et
obligations multiples qui font qu'en Europe les
pouvoirs publics semblent souvent chercher à
détruire par le menu les privilèges qu'ils accordent en bloc à leurs concessionnaires. On voit
qu'en pratique l'industrie des chemins de fer est
aussi largement ouverte que toute autre branche
d'industrie à l'initiative de chacun.

Grâce à ce régime extrême de liberté sans
contrôle, le travail de la construction du réseau
rassembla dès l'origine toutes les forces dont le
pays pouvait disposer; d'autres causes contri-

buèrent en même temps à attirer dans cette voie
l'ardeur de l'esprit d'entreprise. Ce fut d'abord
le développement extraordinaire en population
et en richesse de ce peuple aujourd'hui dans la
force de sa virilité, ce sont ces progrès menés à
pas de géants dont le Census signale, de décade
en décade, la trace à l'étonnement du vieux
monde, et qui se traduisent par la demande toujours croissante de moyens de transport. Dans
l'ouest, les grands mouvements d'activité colo-
nisatrice et de spéculation immobilière, les *booms
of the eighties*, donnèrent l'essor à une extension
sans limite des voies ferrées dans la vaste étendue
des terres libres que chacun s'arrachait. Tentée
par les rapides profits à tirer d'un pays naissant, soutenue par la spéculation, la construction
des lignes nouvelles trouvait encore un élément
d'excitation dans les rivalités d'influence qui
s'établirent alors entre les diverses compagnies.
Pour chacune d'elles, il s'agissait d'ouvrir la
première la route vers les régions d'avenir, d'en
prendre possession et d'empêcher les autres d'y
pénétrer; dans l'ardeur de la concurrence on
ne reculait devant aucun moyen, et on raconte
qu'en 1871 les ouvriers du *Denver and Rio Grande
railroad* engagèrent des luttes à main armée

avec les équipes de l'*Atchison* pour l'occupation d'un défilé dans les Montagnes Rocheuses, la *Royal Gorge of the Arkansas*. Ces luttes de guérillas n'étaient pas rares, dit-on, à une certaine époque, et on les a vues se reproduire en 1891 dans les Black Hills.

On devine par ces exemples quel degré d'intensité put atteindre la fièvre de la construction à certaines époques, surtout dans la période qui suivit la guerre de Sécession jusqu'à la crise de 1873, puis une fois cette crise passée. Dans la seule année 1882, le réseau s'allongea de plus de 17 000 kilomètres, la moitié de notre système français ; on construisait aussi vite qu'on empruntait, quelquefois même plus vite ; il n'était pas rare de voir une compagnie ouvrir en douze mois huit cents kilomètres de lignes nouvelles. C'était l'âge d'or de l'industrie des chemins de fer ; mais ce fut en même temps l'ère des entraînements irrésistibles, des spéculations malsaines et des rivalités déplorables, c'est-à-dire des grandes erreurs économiques qui donnèrent naissance à la surproduction des moyens de transport.

Cette surproduction des voies ferrées était en effet la conséquence inévitable de l'étonnante

impassibilité des pouvoirs publics devant ce
débordement de l'activité d'entreprise. Toujours
égoïste, l'initiative privée a besoin d'une direction supérieure pour marcher dans le sens des
intérêts généraux; elle est capable d'excès; en
Amérique elle ignore volontiers l'économie et se
soucie d'abord de faire grand. C'est surtout dans
la période de 1880 à 1888 que les Américains
se lancèrent avec une légèreté incompréhen-
sible dans la construction des chemins de fer
inutiles. Escomptant trop haut les progrès du
trafic général et le développement des territoires
nouveaux, on entreprit aveuglément des extensions prématurées qui ne pouvaient subsister
qu'aux dépens des lignes préexistantes ou à
ceux du public; l'offre des moyens de transport
dépassa rapidement la demande. Ainsi les régions
agricoles du nord-ouest, les plus favorisées par
la colonisation depuis quinze ans, sont aussi
celles qui souffrent le plus de cet excès de la construction. Puis l'ambition et les rivalités portèrent
bien des compagnies à vouloir se rendre indépendantes en se créant leurs lignes particulières
le long des grandes directions de trafic, alors
même que celles-ci étaient déjà abondamment
desservies. Enfin et surtout les entreprises de

chemins de fer eurent tendance à devenir une
œuvre de pure spéculation. Ce fut une industrie nouvelle de construire entre deux points
donnés une ligne parallèle à celle d'une compagnie déjà vieille, bien établie et rémunératrice,
pour en divertir le trafic et en partager les bénéfices ; c'est l'histoire du *West Shore*, c'est celle
du *Nickel Plate* [1]. D'audacieux aventuriers com-
mirent encore cet attentat à la propriété d'autrui
dans la simple intention de se faire acheter, car
c'était l'unique moyen d'en finir avec les
« pirates » ; pour d'autres enfin, la construction
de lignes nouvelles n'était qu'un prétexte à s'enrichir aux frais de trop naïfs prêteurs. Cette
immobilisation de capitaux improductifs, ce gaspillage de la fortune publique, furent profondément regrettables, et les Américains sont, en
dépit de leur « mégalomanie » nationale, les
premiers à les déplorer aujourd'hui. De longues années se passeront sans doute avant que
l'accroissement de la richesse générale apporte

---

1. Surnom par lequel les Américains désignent le *New-York
Chicago and Saint-Louis railroad*. L'usage des *nicknames* pour
les compagnies de chemins de fer est très fréquent aux
États-Unis. Le *Cleveland Cincinnati Chicago and Saint-Louis
railroad* n'est connu que sous le nom du *big four*, et les
journaux ne désignent jamais le *Chicago Saint-Paul and
Kansas city railroad* que comme le *maple leaf*.

sa compensation aux sacrifices prématurés que le pays s'est imposés avec tant d'insouciance. En attendant, l'opinion publique s'en prend aux législatures locales de n'avoir pas su modérer les abus de la construction, et ceux-là mêmes qui ont le plus profité du régime de la liberté sans limite, vantent maintenant les avantages d'un système plus restrictif. Les États-Unis sont peut-être le pays du monde où l'on peut espérer que les leçons du passé serviront le plus pour l'avenir; aujourd'hui les circonstances ne semblent plus être propices et les mœurs ne seraient plus favorables au retour d'une nouvelle crise de surproduction des voies ferrées.

II

Une fois construits, il faut que, nécessaires ou non, tous les chemins de fer s'exploitent, il faut qu'ils vivent : les Américains, qui font voyager les maisons, ne transplantent pas encore les voies ferrées avec leur matériel d'une région à l'autre. Or, comme dans toute industrie libre, la surabondance de l'offre engendre la compéti-

tion entre les producteurs, nous dirons ici les
transporteurs ; la concurrence dans l'exploitation
fait donc nécessairement suite à la concurrence
dans la construction, et, comme on l'a dit, l'état
de guerre est la condition naturelle et normale
des compagnies les unes à l'égard des autres.
Dans cette lutte pour la vie, les compagnies bel-
ligérantes ont deux armes à leur disposition : en
cas d'hostilités déclarées les abaissements de
tarifs, les *discriminations* dans les rivalités de
diplomatie. Les *discriminations* sont des avantages secrets accordés par une compagnie à de
gros expéditeurs pour gagner leur clientèle, qu'on
dissimule en général sous couleur de commissions, drawbacks, tarifs spéciaux ; ils profitent
en même temps aux compagnies et aux industriels qui contractent cette alliance offensive, en
permettant à ceux-ci comme à celles-là d'évincer
sûrement leurs concurrents. C'est le gros public,
plus scrupuleux ou moins habile, qui supporte
les conséquences de ces petits pactes de trahison.
Un bon exemple du procédé nous est fourni par la
Standard oil company, qui se fit faire en quinze
mois pour plus de 10 millions de dollars de
réductions sur les tarifs entre Cleveland ou
Pittsburg et les ports de l'Atlantique, et, grâce

à l'habilité de ses négociations avec les diverses compagnies, acquit en 1875 le monopole absolu du pétrole aux États-Unis. La pratique de cette concurrence secrète, désastreuse pour les compagnies rivales, et qui dépassait souvent les bornes du *fair trade,* a diminué, sans disparaître tout à fait, depuis qu'elle a été prohibée en 1887 par un acte du Congrès, l'*Interstate commerce act.*

Au contraire, le droit des gens économique reconnaît et voit avec faveur l'autre forme de la concurrence, la guerre de tarifs ouvertement déclarée et conduite au grand jour, laquelle forme la loi commune des relations entre compagnies et donne lieu en pratique aux excès les plus déplorables. Pendant les périodes mêmes de construction à outrance, ces conflits sévirent avec rage, se propageant par une sorte de contagion endémique d'un bout à l'autre du territoire, véritables crises industrielles où chacun semblait n'avoir plus qu'un but, ruiner à tout prix ses rivaux par l'abaissement indéfini des tarifs. Pendant les « batailles de géants » qui se livrèrent entre les *trunk lines* [1], on put aller, sur le Pen-

---

1. On désigne habituellement aux États-Unis sous le nom de *trunk lines,* les grandes lignes ferrées qui réunissent aux ports de l'Atlantique les deux grands centres de Saint-Louis et Chicago.

sylvanien, de New-York à Saint-Louis pour la
somme d'un dollar. En 1884, le *West Shore*
entreprit contre le *New-York Central* une campagne de réduction de tarifs qui dura une année
entière; le *Lake Shore*, celle des compagnies
américaines qui peut exploiter, dit-on, au meilleur marché, lutta pendant plus de deux ans
pour réduire le *Nickel Plate* à la famine et
l'amener à capituler. Ruineuses pour la compagnie qui reste sur le carreau et qu'on rachète
en général à vil prix, ces guerres coûtent
presque autant au vainqueur qui, par les réductions exagérées de tarifs, gaspille en quelques
semaines de lutte les bénéfices accumulés de
plusieurs années. La violence des crises de
concurrence aiguë s'est à la vérité un peu
adoucie à l'heure actuelle; aux guerres à
outrance ont généralement succédé les ren-
contres de partisans, et aux batailles rangées
les conflits d'avant-gardes. Mais l'hostilité latente
des compagnies dans leurs rapports réciproques
reste toujours en éveil; sans cesse elle fait
ressortir les points faibles sur lesquels des luttes
de tarifs s'engagent, courtes d'ordinaire, mais
aussi plus répétées, — les journaux en annon-
cent chaque jour de nouvelles. Amorcées à tout

instant par un petit nombre de compagnies
turbulentes dont la réputation à cet égard est
connue aux États-Unis, elles sont toujours pré-
judiciables à qui s'y laisse entraîner, et peuvent
devenir fort dangereuses pour les compagnies
capitalisées à l'excès ou celles que leur situation
financière met d'autre part en péril. Ainsi la faillite du *Northern Pacific railroad*, survenue en
août 1893, est sans doute due en grande partie
à la concurrence incessante du *Great Northern*,
son rival septentrional.

La législation a toujours favorisé dans son
principe la concurrence légitime entre les chemins de fer aux États-Unis. Ainsi elle a prohibé
les associations de trafic, interdit la fusion des
lignes parallèles. Rien ne protégeait donc les
compagnies contre elles-mêmes : elles durent
chercher de leur propre mouvement à remédier
aux excès de la concurrence dont elles souf-
fraient, et de ces tentatives ont résulté, d'une
part la constitution des grands réseaux ou,
comme on dit en Amérique, la *consolidation*,
d'autre part les essais d'association dans le
trafic.

Depuis une trentaine d'années, le mouvement
de *consolidation*, la concentration progressive

des lignes nombreuses et indépendantes en quelques vastes systèmes, s'est fait sentir aux États-Unis avec une intensité remarquable, suivant une marche plus rapide que la construction même des voies ferrées. Cette tendance s'explique d'abord en Amérique, comme elle fait en Europe, par les mêmes causes que la formation de la grande industrie, dont elle est un cas; elle répond aux exigences des grands mouvements commerciaux qui demandent la création de grandes lignes correspondantes; enfin et surtout, elle offre un moyen coûteux, mais décisif, de mettre un terme aux concurrences locales trop ardues. De fait, sur les 1785 compagnies légalement constituées au 1er juillet 1891 dans l'Union nord-américaine, 709 seulement ont une existence indépendante, et, parmi ces dernières, 41 exploitent à elles seules 56 p. 100 de la longueur totale du réseau, soit 151 672 kilomètres. Encore ces chiffres officiels ne donnent-ils pas une expression exacte de la situation, parce qu'ils considèrent comme unités séparées des compagnies — telles que les diverses lignes Vanderbilt, ou la *Pennsylvania company* dans le réseau du Pensylvanien — qui, tout en ayant une organisation distincte, font cependant partie

intégrante d'un même système. Le réseau
Vanderbilt s'étend aujourd'hui sur près de
25 000 kilomètres de lignes ferrées; l'*Atchison*
embrasse 15 000 kilomètres, et le système
Pensylvanien plus de 14 000. Parmi les traits
caractéristiques de ces grands réseaux, il faut
signaler leur formation extraordinairement hétérogène et leur constitution fédérative. La plupart d'entre eux ont une origine fort modeste :
l'*Atchison*, par exemple, se constitua pour réunir
deux obscures petites villes du Kansas; le *Louisville and Nashville* n'eut d'abord que 185 milles
de longueur, et, dans le principe, le *Pennsylvania
railroad* devait seulement aller de Harrisburg à
Pittsburg. La fusion des lignes concurrentes
étant interdite par la législation dans la plupart des États, les compagnies s'étendirent surtout par voie de prise à bail, comme en Angleterre, d'acquisition de lignes tombées en faillite,
ou par *control*, c'est-à-dire achat de tout ou
partie des actions d'une compagnie secondaire.
Un grand système comprend donc presque toujours un certain nombre de lignes subsidiaires
louées, achetées ou « contrôlées », groupées
autour du réseau propre que représente le
capital originaire de la compagnie principale, ce

réseau propre étant parfois fort peu important eu égard à l'ensemble : ainsi le *Baltimore and Ohio* ne possède en propre que 539 milles de lignes sur un réseau total de 4161 milles. Quelquefois même — c'est ce qui se passe pour la *Pennsylvania company* et la *Southern Pacific company*, — la compagnie principale n'a pas de réseau propre et se contente d'exploiter des lignes prises à bail ou « contrôlées », substituant son crédit à celui des lignes subsidiaires et formant ainsi une sorte de « *trust* ».

Des systèmes composés d'éléments aussi divers ne sont évidemment pas toujours immuables et indissolubles. Il en est qui répondent si bien aux nécessités des courants commerciaux qu'il n'y a aucune raison de soupçonner la vraisemblance de leur désagrégation. En revanche, on a vu souvent des unions d'apparence brillante se rompre violemment par l'effet de spéculations téméraires : citons par exemple celle qui a placé un instant en 1892 quatre compagnies de chemins de fer charbonniers sous le patronage de M. Mac Leod et du *Philadelphia and Reading*, et qu'au bout de quelques mois tout le monde se trouva intéressé à dissoudre. Le travail de la *consolidation*, entrepris prématurément dans le sud et dans l'ouest par la constitution de systèmes trop grands et sans force, est loin d'être terminé aujourd'hui, et ses résultats actuels ne doivent pas être considérés comme définitifs. Ce mouvement donnera encore lieu à des remaniements profonds, à des secousses violentes, et se continuera pendant de longues années, au delà même du jour où le réseau américain aura gagné son point de maturité. Un temps viendra sans doute où, les grandes lignes du Pacifique ayant opéré d'une manière ou d'une autre leur fusion avec les *trunk lines* de l'est, le réseau entier se trouvera partagé en huit ou dix systèmes embrassant l'ensemble du territoire des États-Unis.

La formation des grands réseaux n'a pas supprimé la concurrence, mais l'a seulement transportée sur un autre terrain; purement locale et dispersive quand ces réseaux eux-mêmes étaient encore courts et très fragmentés, celle-ci s'est peu à peu concentrée sur les routes importantes du commerce et faite plus ardue que jamais entre les grandes compagnies maintenant plus résistantes. Les compétiteurs étant devenus moins nombreux, on se demanda dès lors si l'entente commune n'était pas chose possible, et effecti-

vement, vers 1876, les compagnies cherchèrent
à remplacer la concurrence dans l'exploitation
par l'association dans le trafic : les premiers
pools se constituèrent. Les *pools*, qui fonctionnent depuis longtemps en Grande-Bretagne sous
le nom de *joint purse system*, sont des associations par lesquelles les compagnies concurrentes
se répartissent le trafic à l'amiable, déterminent
d'un commun accord les tarifs à percevoir, et
s'engagent à se tenir réciproquement compte des
trop-perçus le cas échéant ; ce sont des syndicats ne reposant que sur la bonne volonté des
parties contractantes. De fait, dans le Royaume-
Uni, l'association a tué la concurrence en matière de chemins de fer, elle règne sans conteste sur tout le territoire, justifiant la vérité
de l'axiome formulé par George Stephenson à
l'origine même des voies ferrées : « Là où la
coalition est possible, la concurrence est impossible. » Or, aux États-Unis, les tentatives d'association ont donné en fin de compte des résultats
tout différents : dans la lutte engagée entre les
deux grands principes de l'activité industrielle,
la concurrence est restée victorieuse, mais l'association tend du moins avec un certain avantage à en réprimer les excès.

Les premiers *pools* qui se formèrent en Amérique, la *Southern railroad and steamship association* et le *pool* des *trunk lines*, mirent tout de suite en lumière le principal défaut de ces arrangements fondés sur le consentement mutuel, qui est l'instabilité. On s'aperçut bien vite que des remaniements constants étaient nécessaires, et souvent les difficultés ne se pouvaient trancher que par des guerres de tarifs d'autant plus terribles que l'alliance avait été plus étroite et plus longue entre les anciens rivaux. Puis le nouveau régime donna lieu à des abus : les compagnies cherchèrent à tirer parti de la force d'association pour rehausser les tarifs dont elles prétendirent se faire les régulateurs tout-puissants. Aussitôt on cria au monopole, on dénonça les « nouveaux *trusts* », on les proscrivit dans les États de l'ouest, on fit sanctionner et généraliser cet interdit par un bill du Congrès, l'*Interstate commerce act* de 1887. Aujourd'hui que l'agitation s'est calmée, que les compagnies ont dû renoncer, ne fût-ce qu'en raison de leur désaccord incessant, aux prétentions abusives qu'avaient d'ailleurs provoquées les excès mêmes de la concurrence, cette législation prohibitive n'est plus appliquée d'une façon rigoureuse. On peut citer au moins deux *pools* qui fonctionnent au grand jour, d'une manière satisfaisante pour le public comme pour les compagnies, et dont la presse fait connaître les principaux résultats au public, celui des *trunk lines* et celui des chemins de fer charbonniers. Dans l'ouest, où les grandes directions du commerce sont plus variées, où un partage de trafic serait encore impraticable à l'heure actuelle, les compagnies ont de simples conférences périodiques destinées à amener une entente commune dans la fixation des tarifs. Aujourd'hui les *pools*, comme ces associations diverses de l'ouest, ne sont plus autre chose, en pratique, que des moyens de règlement des difficultés engendrées par la concurrence dans les rapports des compagnies entre elles ; jouant le rôle d'arbitres, ils tendent à donner aux tarifs la stabilité que le public réclame ; aussi le monde économique en comprend-il maintenant l'utilité, et commence-t-il à en demander la légitimation à l'autorité fédérale. Somme toute, en Amérique, l'association n'a pas détruit la concurrence entre les chemins de fer ; celle-ci a survécu grâce au régime de la liberté dans la construction, grâce au grand nombre des lignes rivales, grâce enfin à l'immensité du territoire et au développement extraordinairement rapide du commerce intérieur. Les associations de tarifs et de trafic n'ont pu fonctionner qu'à la condition de conserver au public tous les avantages d'une concurrence légitime. Leur but n'est plus que de prévenir les excès de cette concurrence, et quoique l'opposition législative et leur instabilité propre aient jusqu'à présent rendu fort difficile ce simple rôle modérateur, l'amélioration des rapports entre les compagnies, la diminution de la violence des guerres, témoignent aujourd'hui que leur influence n'a pas été inutile à l'éducation du pays dans ses mœurs économiques.

A tout prendre, le régime de la concurrence dans l'exploitation a donné un résultat fort satisfaisant pour le public, le plus utile après l'abondance des moyens de transport, j'entends l'abaissement des tarifs : c'est aujourd'hui aux États-Unis, c'est dans le seul pays du monde où la concurrence s'exerce librement en matière de chemins de fer, que le prix du transport des produits est sans conteste le plus bas. Comparons à cet égard l'Union nord-américaine avec la France : sur l'ensemble du réseau des États-Unis, le produit brut moyen par tonne et par kilomètre est de 3 centimes; en France (1892), il varie de

4 centimes 66 (Nord) à 6 centimes 203 (Midi). Les mouvements les plus prononcés de réduction des tarifs se sont faits sentir dans la période de 1873 à 1878 et dans la période de 1882 à 1886. Or, dans l'ensemble, cette diminution a marché d'un pas beaucoup plus rapide que ne l'ont fait les progrès du trafic général, et au point de vue financier on ne peut que constater en Amérique un abaissement énorme dans la productivité des entreprises de chemins de fer.

Dans le Royaume-Uni, le produit net des lignes ferrées, qui s'élevait en 1872 à 4,74 p. 100 du capital d'établissement, ne représentait plus en 1892 que 3,85 p. 100 de ce même capital : la réduction du profit est, comme on le voit, déjà fort sensible. Prenons maintenant les chemins de fer aux États-Unis à ces deux mêmes époques : en 1872, leur rendement est de 9 p. 100 du capital engagé ; en 1892, il tombe à 3,01 p. 100. Cherchons quelques données plus précises que des moyennes chez les compagnies que l'opinion place le plus haut dans ses faveurs : l'*illinois central railroad* n'a jamais donné à ses actionnaires moins de 8 p. 100 par an jusqu'en 1885, et il ne paie plus maintenant que 5 p. 100 ; le *New-York central and Hudson*

river a distribué des dividendes annuels de 8
p. 100 jusqu'à l'époque de sa lutte avec le *West
Shore* (1884), et ne donne plus depuis que 4 à
5 p. 100 ; ces exemples pourraient se multiplier
à volonté. Ainsi, en même temps que la liberté
excessive dans la construction donnait lieu à
un gaspillage déplorable du capital national,
la concurrence immodérée dans l'exploitation
abaissait outre mesure la productivité légitime
de ce capital, et les guerres de tarifs, jointes
aux spéculations malheureuses, amenaient d'immenses désastres financiers, des crises terribles
comme celle de 1873, avec la ruine inévitable
d'un certain nombre de compagnies. Aux États-
Unis, les chemins de fer, assimilés à une industrie ordinaire par leur régime économique, par-
ticipent tous plus ou moins aux conditions
d'instabilité et de variabilité qui caractérisent les
entreprises purement industrielles. Nulle part on
ne trouve plus qu'en Amérique de diversité dans
la situation financière des compagnies ; les plus
solides d'entre elles s'y croisent avec les moins
recommandables, et à Philadelphie, le *Pennsylvania railroad*, qui dispute au *New-York central* le
surnom de *Standard railway of America*, a ses
bureaux contigus à ceux d'une compagnie qui

a déjà fait deux fois faillite et dont l'histoire est
un mélange inouï de maladresses, de désordres
et de spéculations, le *Philadelphia and Reading*.
Dans cette lutte pour la vie, si dure à tous les
partis en présence, une sorte de sélection naturelle économique semble faire rapidement la
fortune des entreprises les mieux constituées, les
plus résistantes, aux dépens des autres, dont elle
précipite la ruine.

III

Jusqu'à présent on pourrait croire qu'aux
États-Unis le régime de la liberté des chemins
de fer n'a présenté pour le public que des avantages, en dotant le pays de moyens de transport
très perfectionnés, très nombreux et à bon marché. En fait ce régime n'a pas été sans provo-
quer de la part des compagnies de graves abus de
pouvoirs, dont le public lui-même eut vivement
à souffrir, et qui portèrent les législatures locales
à des mesures de répression d'une extrême
rigueur. Les compagnies, qui se livraient entre
elles-mêmes à des batailles de concurrence,

durent engager la lutte contre un ennemi commun, l'autorité publique; avec la guerre civile, elles eurent la guerre extérieure. Ce sont particulièrement ces difficultés d'ordre légal qui constituent ce que les Américains appellent le *railroad problem*.

Les pouvoirs presque sans limite conférés aux compagnies de chemins de fer n'étaient pas en effet sans offrir d'assez graves dangers pour la liberté commerciale et l'égalité économique dans l'Union. Dès l'origine de la construction des voies ferrées, les compagnies inaugurèrent à l'égard des autorités locales une politique d'oppression sans honte comme sans merci. Partout on demandait des chemins de fer, toujours plus de chemins de fer; il dépendait du choix d'un tracé de favoriser ou de restreindre le développement d'une région, et une ligne ferrée représentait pour chaque localité le secret de la fortune. Alors les compagnies de se faire payer leurs services, et d'imposer aux communes, aux comtés, voire même aux États, des subventions gratuites, disons des contributions de guerre. A vrai dire, cette corruption, qui déshonora la genèse du réseau ferré en Amérique, disparut au fur et à mesure de ses pro-

grès, en même temps que se modifiaient les
conditions de la construction. Tout cela est un
peu oublié aujourd'hui; les voies nouvelles ne
sont plus que des lignes de colonisation ouvertes
dans les territoires inoccupés, les chemins de fer
ont encore plus besoin des colons que la communauté n'a besoin d'eux, et à l'heure actuelle ce
sont les villes qui viennent s'élever spontané-
ment le long des routes déjà tracées dans le *Far
West*.

Aux abus dans la construction succédèrent
des abus plus graves dans l'exploitation. Les
charters laissaient en principe aux compagnies
le libre maniement de leurs tarifs, se fiant au
jeu naturel des forces économiques pour assurer
partout un juste équilibre dans les prix de transport; il arriva que là où il n'y avait pas concurrence, le monopole des compagnies devint tout-
puissant, et que la volonté arbitraire d'un *traffic
manager* put faire de ces tarifs soit un élément
de prospérité locale, soit une arme terrible
d'oppression et de tyrannie. C'est qu'en effet la
concurrence n'est pas, par nature, uniforme
et absolue en matière de chemins de fer comme
dans les autres industries; elle est géographi-
quement limitée aux lieux que réunissent deux

ou plusieurs lignes ferrées, ou, comme on dit en Amérique, aux *competitive points*. Tous les avantages du régime se concentraient donc naturellement sur les points de concurrence, où, grâce à la réduction des frais de transport, l'industrie et le commerce trouvaient des éléments exceptionnels de progrès, des garanties certaines de supériorité. Sur les autres points, au contraire, maîtresses de leurs tarifs, les compagnies rehaussaient ceux-ci sans mesure, de manière à se récupérer dans les régions de monopole des bénéfices qu'elles n'avaient pas faits dans les régions de concurrence ; le prix des transports montait d'autant plus qu'il était plus bas partout ailleurs. Ce régime donnait lieu parfois à des anomalies bien bizarres : ainsi, en mai 1878, le tarif de transport du blé de Chicago à Philadelphie était de 13 *cents*, tandis que pour les expéditions sur Pittsburg, la distance étant réduite de près de moitié, le tarif s'élevait à 18 *cents*. L'affaire dite de Winona a été souvent rappelée dans les débats parlementaires à Washington. Winona est une petite ville de l'État du Mississipi située à peu près à demi-distance entre Memphis et la Nouvelle-Orléans, sur l'*Illinois central railroad ;* or, le transport d'une balle de coton de Memphis à la Nouvelle-Orléans se payait un dollar, alors que la compagnie demandait plus de trois dollars pour transporter la même balle de coton de Winona seulement à la·capitale de la Louisiane. Par le fait des rehaussements de tarifs, des régions entières se trouvaient ainsi sacrifiées au profit des points de concurrence; elles voyaient leur industrie émigrer, leur agriculture menacée se ralentir, leur développement économique s'arrêter. Le territoire des États-Unis put se diviser en deux parties dont l'une profita de tout ce qui manquait à l'autre. Les compagnies étaient devenues les régulateurs du progrès, et le régime de la concurrence, qui dans toute autre industrie tend à égaliser en même temps qu'à réduire le prix des marchandises, amenait et accentuait ici les inégalités les plus sensibles de pays à pays.

C'est dans le nord-ouest que ces abus occasionnèrent d'abord les souffrances les plus vives, parce que les compagnies, propriétaires des *elevators* [1] et d'immenses concessions de terres, y exerçaient une domination presque absolue;

1. Entrepôts de blé.

c'est là aussi que, sous l'influence des *Grangers*, l'agitation populaire se manifesta en premier lieu et s'éleva immédiatement au plus haut degré de la violence. La Grange nationale du nord-ouest était une fédération d'agriculteurs organisée en 1867 dans un simple dessein de coopération, et qui, tombée aux mains des politiciens locaux, ne tarda pas à se faire l'organe des revendications sociales du parti « fermier ». En 1870, les *Grangers* se mirent à la tête du mouvement naissant d'opinion, et dès lors la lutte s'engagea sans merci contre les chemins de fer, « serviteurs du peuple qui se sont faits ses maîtres », avec force déclamations au sujet de ces « nouveaux barons féodaux », auxquels il fallait apprendre que « l'objet créé ne doit pas se faire plus grand que le créateur ». Comme mot d'ordre, on prit un vieux principe d'autrefois, très discuté en son temps, puis oublié, enfin remis à neuf pour la circonstance, que « les chemins de fer sont des voies de communication publiques (*public highways*) ». En 1871, la législature du Minnesota rend le premier *Granger bill*, fixant un tarif maximum proportionnel à la distance, assez bas pour couper tout profit dans la racine, et capable de conduire en un mois toutes les compagnies à la faillite; l'Illinois, le Wisconsin, tous les États du nord-ouest suivent bientôt l'exemple du Minnesota en renchérissant les uns et les autres sur la rigueur de ces dispositions prohibitives.

Les compagnies refusèrent de se soumettre. Elles portèrent immédiatement la question sur le terrain légal, où elles perdirent leur procès : en 1876, la Cour suprême sanctionna les lois promulguées, et reconnut aux législatures locales le droit de fixer, dans l'intérieur de chaque État, les tarifs des « chemins de fer et de toute entreprise impliquant un monopole virtuel ». Au contraire, sur le terrain pratique, l'issue de la partie fut toute différente : les compagnies cessèrent immédiatement la construction des lignes nouvelles, ce qui suspendit les progrès économiques de toute la région du nord-ouest; puis, pour limiter leurs pertes dans l'exploitation, elles réduisirent leur service à son minimum, jusqu'à priver effectivement le pays de ses moyens de transport. Ainsi se démontra par l'absurde le vice de la politique des *Grangers*; toutes les législatures se virent bientôt contraintes d'abroger bon gré mal gré leurs lois de proscription, et, sans renoncer à la campagne entre-

prise, elles eurent recours à une autre arme de
combat, la nomination de « commissions de contrôle », investies du pouvoir limitatif de fixer des
tarifs « raisonnables ». Ce fut la seconde phase
de la lutte contre les chemins de fer, et sous cette
nouvelle forme, les hostilités se sont prolongées
jusqu'à aujourd'hui dans plusieurs États ; c'est
ainsi qu'une décision toute récente de la Cour
suprême vient de trancher en faveur des compagnies un débat qui durait encore dans le Texas.
La plupart des commissions locales ont d'ailleurs
fini par se montrer modérées dans leurs exigences, et bornent maintenant presque partout leurs
attributions à un contrôle plus ou moins sérieux
de l'exploitation. Mais les compagnies, pour être
sorties victorieuses de la guerre, n'en ont pas
moins payé les frais, et, dans plusieurs États,
les conséquences de la crise ont été désastreuses : les lois passées dans l'Iowa et dans
l'Ohio en 1885 étaient, de l'aveu de tous, absolument confiscatoires ; en Wisconsin, lorsque
les lois de tarifs furent abrogées, il n'y avait
plus une compagnie qui distribuât des dividendes, et quatre seulement payaient encore les
intérêts de leurs emprunts.

Cependant, au milieu des violences inutiles

des *Grangers*, l'opinion publique réclamait
vivement du Congrès la répression effective
des abus reprochés aux compagnies de chemins
de fer; la réglementation du commerce d'État
à État rentrait en effet dans les pouvoirs de
l'autorité législative fédérale, et c'est surtout
entre États voisins que les inégalités de tarifs
produisaient leurs résultats déplorables. Après
un enfantement fort difficile, le Congrès donna
enfin le jour, le 4 février 1887, à une loi d'ensemble, *an act to regulate commerce*, qu'on
appelle d'ordinaire *Interstate commerce law*, ou
encore *Reagan bill*, du nom de son principal
promoteur, M. Reagan. L'*Interstate commerce
law*, nous le savons déjà, prohibe les *pools* et
les *discriminations*; elle prescrit que les tarifs
seront « raisonnables », sans dépasser pour un
parcours donné la taxe afférente à un parcours
plus long; elle ordonne la publication officielle
par les compagnies de leurs tarifs, et institue une
commission de sept membres pour trancher les
différends qui pourraient naître de son application. Cette loi, qui à l'origine inspira aux partisans des compagnies les plus vives inquiétudes,
n'a eu jusqu'à présent qu'un effet pratique assez
restreint. Le manque de précision de ses termes,

le défaut de moyens de preuve et les difficultés de la répression, ont rendu son exécution rigoureuse très difficile; telle de ses prescriptions, par exemple la clause sur les tarifs différentiels, est restée lettre morte, et l'interdiction des *pools* n'a pas empêché la formation des associations secrètes de tarifs ou de trafic. D'ailleurs, dans ces conditions, la loi semble avoir été assez bien reçue de la part même des compagnies, qui y trouvent un moyen de défense contre les concurrences secrètes et injustes de leurs rivales. Nous n'en donnerons qu'une preuve : l'institution de l'*Interstate commerce commission* n'a jamais été attaquée devant la Cour suprême : or elle est, dit-on, parfaitement inconstitutionnelle, la procédure fixée par la loi étant selon « l'équité », au lieu d'être conforme à la « loi commune ».

Quel a été en somme le résultat pratique du système de la réglementation, soit locale, soit générale, sur les inégalités de tarification qui constituaient l'objet originaire de l'intervention des pouvoirs publics? La nation américaine s'est une fois départie de son traditionnel « laissez faire » économique; elle a mis de côté le principe de la *self regulation* : a-t-elle lieu de se féliciter de l'expérience? Résumons les faits. Dans

les États de l'ouest, les procédés violents et le
régime confiscatoire appliqués par les *Grangers*
ont amené des crises désastreuses, heureusement
passagères, sans d'ailleurs résoudre directement
le problème en question. D'autre part l'*Interstate
commerce law* s'est montrée inefficace dans son
application restreinte; le jour où on voudrait en
faire un moyen d'oppression, elle porterait un
coup mortel au commerce national en rendant
impossible la situation des compagnies : c'est ce
qui arriverait si, par exemple, on appliquait
rigoureusement la disposition sur les tarifs différentiels.

En pratique, les remèdes ont donc péché par
la mesure; ils ont eu du moins un effet moral
très utile. A lutter contre l'opinion, les chemins
de fer ont éprouvé ce qu'il en coûte, et à faire
respecter leurs droits, ils ont appris leurs responsabilités. La leçon a été forte dans l'ouest,
mais on ne l'en retiendra que mieux. En fait,
les abus reprochés aux compagnies dans la
fixation des prix de transport, s'ils n'ont pas
entièrement disparu, se sont atténués dans une
proportion sensible; les tarifs différentiels sub-
sistent avec la concurrence, mais les tarifs de
monopole perdent de leur caractère agressif;

les mœurs économiques se forment peu à peu.
Impuissant à résoudre des difficultés qui constituent la plupart du temps une question de
mesure et d'appréciation des circonstances, le
système de la réglementation trouve à cet égard
aux États-Unis d'autant moins de faveur que la
diversité des législations en rendrait l'application fort difficile. Ce qu'il n'a pas fait, l'esprit
pratique américain tente de le faire. Si on ne
peut dire qu'il y ait encore complètement réussi,
du moins on peut s'en fier à lui pour qu'une
autre solution, plus radicale celle-là, l'exploitation par l'État, réclamée par l'Alliance des fermiers du sud-ouest, proposée aussi par des économistes tels que le professeur R. T. Ely, ne
rencontre d'ici longtemps en Amérique aucune
chance de succès.

IV

D'une manière générale on peut donc dire
qu'aux États-Unis le régime économique de
l'industrie des chemins de fer ne se distingue
par aucun trait essentiel du régime de toute

autre branche d'industrie. Même liberté d'entreprise en pratique, même concurrence sur le
marché, même absence de monopoles légaux;
l'intervention des pouvoirs publics ne s'exerce
d'une façon spéciale et efficace que dans le contrôle technique et dans la répression de certains abus tels que les *discriminations*. Les
chemins de fer sont en fait une industrie comme
une autre. Voyez en Europe, sur le continent,
ce qui domine dans les chemins de fer, c'est
leur caractère de service d'intérêt général; sont-
ils même exploités par des compagnies concessionnaires, ils ne constituent la plupart du temps
que des administrations quasi publiques. Au
contraire, aux États-Unis comme en Angleterre,
le côté industriel est prépondérant : avant tout
ce sont des « affaires », des entreprises privées,
qui ne doivent compter que sur elles-mêmes, et
où l'intérêt personnel occupe la première place.
Nous trouverons les conséquences de ce caractère en jetant un coup d'œil sur la gestion pratique et l'organisation intérieure d'une compagnie de chemins de fer en Amérique.

Tout d'abord une compagnie américaine est
une affaire qui doit rapporter : sa conduite
financière et ses méthodes techniques sont entiè-

rement inspirées de ce principe. Prenons une
compagnie à sa naissance : elle va ouvrir une
ligne dans une région encore peu peuplée et
peu productive, ou même dans un territoire
nouveau qu'il s'agit de coloniser; elle dispose
d'ailleurs de ressources limitées et sait qu'elle
n'a d'aide à attendre de personne. Dès lors, au
lieu d'immobiliser de gros capitaux dans le premier établissement en lui donnant tout de suite
sa forme définitive et parfaite, elle construira
au meilleur marché possible en réduisant la
ligne à sa plus simple expression. Les routes
nouvelles de l'ouest, par exemple, ne sont que des
embryons de chemins de fer; des rails longs et
peu pesants jetés sur des traverses qui reposent
directement sur le sol naturel, voilà la ligne. On
évite les travaux d'art au moyen de courbes et
de déclivités, car le matériel roulant, très per-
fectionné, très souple, passera partout; ponts et
stations sont en bois : on vise avant tout à
l'économie. Ainsi la compagnie limite ses risques, et, mesurant strictement les dépenses de
l'exploitation au trafic, peut payer ses charges
fixes dès la première année sur son produit net.
Puis, à mesure que le trafic et les besoins de la
région s'accroissent, la compagnie améliore

l'état de la voie, étend son service d'exploitation, et développe ainsi progressivement ses moyens jusqu'à ce que la ligne atteigne son état normal, ou que de nouvelles augmentations d'affaires réclament des perfectionnements nouveaux dans l'outillage. A côté des grandes lignes de l'est, en tout comparables, sinon supérieures, à nos meilleures lignes européennes, il y a donc aux États-Unis, non pas un modèle unique, mais une série continue de types de voies ferrées à diverses phases de leur croissance, toujours en progrès, sans rien de définitif, et dans un perpétuel « devenir ». Les Américains ont ainsi fait des chemins de fer un instrument plus maniable, qu'ils ont adapté avec une souplesse merveilleuse à des conditions d'application très diverses, et dont ils ont largement étendu l'emploi. Le procédé de la construction provisoire et du perfectionnement progressif leur permet de mesurer toujours les capitaux engagés et les dépenses faites aux exigences actuelles du trafic et à l'importance présente de l'affaire; il restreint les risques de l'entreprise et en hâte la productivité.

Dans l'exploitation apparaît maintenant l'esprit essentiellement commercial qui préside à la gestion des chemins de fer. Les compagnies

ont pour objet de vendre au public un service, qui est le transport, *transportation*, comme
disent les Yankees ; elles vont donc, aux dépens
les unes des autres, tâcher d'en vendre le plus
possible, et rivaliseront de zèle dans l'invention
des procédés pour attirer la clientèle. Le voyageur européen arrivant à New-York trouve sur
les quais mêmes de *North river*, où il débarque,
les agents de tous les grands chemins de fer
américains : voilà le premier signe de la concurrence. Monte-t-il bientôt après le long de
Broadway pour gagner la ville haute, il voit à
chaque pas, de chaque côté, des bureaux de
compagnies, luxueusement installés, attirant les
yeux par les grandes initiales dorées et énigma-
tiques qui les surmontent et en couvrent murs,
fenêtres, portes ; toutes les lignes sont repré-
sentées, et plus elles ont d'agences, plus elles
auront de faveur près du public. Le *N. Y. C.
and H. R.* (*New-York Central and Hudson River*)
a ainsi dans la seule ville de New-York huit ou
dix bureaux à voyageurs dont chacun se loue
par an 50 000 francs au bas mot ; le *B. and O.*
(*Baltimore and Ohio*) en a six, et toutes les
compagnies principales font de même dans les
grandes villes. Chacune d'elles distribue gratuite-

ment des indicateurs, des brochures descrip-
tives, souvent des calendriers et des éventails,
et fait pour le moins autant de réclame qu'un
mauvais journal ou un grand magasin de nou-
veautés. Ces moyens courants de publicité sont
bons pour les voyageurs : il faut croire qu'ils ne
suffiraient pas pour le service des marchandises,
et vis-à-vis des expéditeurs les compagnies mettent alors en campagne le gros de leurs troupes
commerciales, les *soliciting agents*, commandés
par le *general freight agent*. Ces agents ont pour
mission. d'amener la clientèle coûte que coûte,
honnêtement s'ils le peuvent, en gardant le con-
tact avec les compagnies rivales. Les grands
chemins de fer dépensent, dit-on, un million et
demi à deux millions chaque année pour l'entretien de ces armées permanentes. On voit
combien un pareil service commercial, né de la
concurrence, ne vivant que par la concurrence,
est peu fait pour amener la paix entre des compagnies dont l'état-major, autoritaire et ambitieux, n'est souvent que trop favorable aux
hostilités.

L'organisation même de cet état-major est
très remarquable dans les compagnies américaines ; il fait bien valoir cet esprit pratique du

Yankee, lequel voit clairement dans toute question les conditions matérielles résultant des faits, et applique directement la solution courte, simple, naturelle. Il est évident qu'en règle générale une entreprise sera d'autant mieux gérée que l'autorité dirigeante aura plus d'intérêt personnel dans l'affaire; le mandat représentatif d'un administrateur de société anonyme sera inférieur à cet égard au sentiment de la responsabilité propre que concevrait par exemple un associé en nom collectif. Les chemins de fer aux États-Unis sont des sociétés anonymes; mais en pratique la plupart sont placés sous la domination effective d'un seul individu, ou d'un groupe d'individus, d'un *party*, et l'intérêt personnel replacé ainsi à la tête de l'entreprise, donne alors un caractère autocratique à l'administration des compagnies. De même qu'une ligne principale « contrôle » des lignes subsidiaires, il arrive souvent qu'un capitaliste ou un groupe de capitalistes « contrôle » une compagnie ou plusieurs compagnies par la possession de la majorité ou de la totalité des actions. C'est ainsi que le plus vaste réseau américain est formé par l'union toute personnelle dans les mains de la famille Vanderbilt de six ou sept compagnies

séparées ; M. Huntington est le propriétaire
effectif, sinon exclusif, du *Southern Pacific* ; feu
Jay Gould tenait dans le sud-ouest au moins
quatre compagnies sous sa domination. Ces *railroad bosses* sont bien évidemment les maîtres
absolus des affaires qu'ils dirigent ; mais là
même où la propriété de l'entreprise est divisée
entre un grand nombre d'actionnaires, ou, ce qui
est le cas le plus fréquent, entre un petit nombre
de gros actionnaires, nous voyons la direction
jouir en fait des mêmes pouvoirs indépendants.
Aux États-Unis, les actionnaires sont rarement
consultés lors de l'émission d'un emprunt ; leur
avis n'est pas toujours requis pour l'augmentation du capital social et ne l'est jamais dans la
fixation des dividendes : autant de questions qui
relèvent de l'administration seule. Cette autocratie de gestion s'explique d'ailleurs par le rôle
essentiellement militant de ceux qui dirigent un
chemin de fer en Amérique : toujours sur le
qui-vive dans la lutte générale de la concurrence,
il faut qu'ils puissent engager inopinément une
guerre de tarifs, s'y défendre sans retard, devan-
cer un rival dans une extension ou une acquisition, protéger leur crédit contre les assauts d'un
compétiteur à la Bourse ; ils ont besoin d'une

autorité exceptionnelle, presque arbitraire, pour
agir seuls et vite; ils se font dictateurs par la
force des choses.

Ces pouvoirs discrétionnaires sont réunis dans
la personne du *President,* assisté d'un comité
de directeurs dont le rôle est d'ordinaire assez
effacé; le président a sous ses ordres un état-
major de vice-présidents délégués aux diverses
branches du service, un *general manager* chargé
de l'exploitation technique. Entrons un instant
dans un de ces grands *buildings* modernes,
aux multiples ascenseurs, cloisonnés en *offices*
minuscules et innombrables, que les compagnies
de chemins de fer se partagent souvent par
étages et où elles vivent silencieusement les
unes au-dessus des autres. Faisons passer notre
carte au président, et après que nous avons
répondu au brusque *well, sir, what can I do for
you?* qui nous accueille, examinons le fonctionnement simple, précis, rapide de la machine
administrative. De bureaux, point; pas de com-
mis irresponsables préparant les rapports que
les chefs signent sans lire; la devise est : chacun
pour soi. Le travail, essentiellement divisé, est
en même temps décentralisé; du haut en bas de
l'échelle, chacun a ses attributions et sa respon-

sabilité propre, et fait tout par lui-même; c'est le meilleur système pour mettre en valeur les qualités individuelles. Comme personnel auxiliaire, nous ne voyons que les *boys* qui font les courses et les *typewriter girls* qui écrivent à la machine les lettres qu'elles viennent de sténographier sous la dictée. Rien ne traîne; chaque affaire doit recevoir sa solution dans les vingt-quatre heures. Tout le monde est affairé, *busy*, surchargé, et, depuis le président jusqu'au simple *clerk*, chacun donne neuf heures de travail par jour. D'ailleurs, une grande administration de chemins de fer occupe peu de personnel et peu de place : le *Chicago Burlington and Quincy*, qui exploite dans l'ouest plus de dix mille kilomètres de lignes, ne tient qu'un étage de son *building* dans *Adams Street*, à Chicago; le *Saint-Paul* fait de même.

Le président dirige effectivement l'ensemble de l'affaire : c'est le général en chef. Il est universel; toutes les questions importantes de chaque service arrivent à lui, il se fait tour à tour ingénieur, économiste, financier, avocat devant les cours judiciaires, diplomate dans ses rapports avec les législatures; il est toujours sur la brèche. Souvent un président a passé

successivement par tous les degrés de son
administration active ou sédentaire ; tel a commencé par être mécanicien au service de la
compagnie qu'il dirige maintenant. Tous sont
des hommes de haute valeur qui caractérisent
bien le type supérieur du *business man* américain, formé par la pratique et conduit par elle
aux idées générales. On les admire, on les aime
aux États-Unis, parce qu'ils ont réussi, parce
qu'ils donnent l'exemple, parce qu'ils représentent l'aristocratie ouverte du mérite personnel ; on est fier d'eux. « Ces rois de chemins
de fer — nous laissons ici la parole à une voix
plus autorisée — comptent parmi les plus
grands hommes, je dirai même sont les plus
grands hommes de l'Amérique. Ils ont la fortune, sans quoi ils ne pourraient tenir leur
situation. Ils ont la réputation : tout le monde
sait ce qu'ils ont fait, tous les journaux parlent
de ce qu'ils font. Ils ont la puissance, plus de
puissance — c'est-à-dire plus d'occasions de faire
prévaloir leur volonté — que personne dans la
vie politique, excepté le Président des États-Unis
et le Président de la Chambre basse..... Quand
le maître d'un des grands réseaux de l'ouest
s'en va dans son train-palais vers le Pacifique,

son trajet est un voyage royal. Les gouverneurs des États et des Territoires s'inclinent devant lui; les législatures le reçoivent en séances solennelles, des cités entières recherchent ses faveurs, car n'a-t-il pas le pouvoir de faire ou de défaire la fortune d'une ville [1]? »

Le régime autocratique qui préside à la gestion des compagnies a son danger : il ouvre la porte aux imprudences et à la spéculation. En fait, grâce à l'insouciance des actionnaires et surtout grâce à leur impuissance, l'administration d'une compagnie américaine est le plus souvent irresponsable, et, même dans les occasions graves, il est assez rare de voir les intéressés attaquer les membres d'une administration pour les faire tomber à la première assemblée générale, comme cela s'est fait récemment au *Northern Pacific* et au *Reading*. Les présidents de chemins de fer sont naturellement ambitieux; élargir leur réseau, ruiner un rival, acheter des lignes nouvelles, c'est pour eux se grandir eux-mêmes en même temps que faire valoir leur compagnie : de là sont venues trop souvent constructions téméraires, guerres de concur-

1. J. Bryce, *The american Commonwealth.*

rence inutiles, extensions prématurées, risques de toute espèce dont les actionnaires ont en général pâti plutôt que bénéficié. Puis l'Américain est né spéculateur. Pendant longtemps, excitée par les compétitions de bourse, et favorisée chez les grandes compagnies par la possession de valeurs de lignes dépendantes, la spéculation a joué un rôle prépondérant dans la direction des chemins de·fer. Aujourd'hui on cite encore quelques compagnies qui, formées par et pour un jeu de bourse, ne sont qu'un instrument inconscient et vil dans les combinaisons des financiers qui les mènent; mais à voir l'ensemble, on peut constater une amélioration sensible dans les mœurs de *Wall Street*. Le public a mis à jour les opérations des grands spéculateurs d'autrefois, des Fisk, des Drew, des Jay Gould, et l'opinion s'est éclairée; d'autre part, les compagnies américaines ont appris — plus tôt même que la moyenne des particuliers — l'art de vivre selon leurs moyens, sans aller chercher au dehors des bénéfices extraordinaires et hasardeux.

Devant les dangers du régime autocratique dans la gestion, on conçoit sans peine que les capitalistes aient toujours exigé des gages spé-

ciaux de la part des compagnies auxquelles ils
prêtaient leurs fonds ; cela était d'autant plus
nécessaire que le capital social ne représentait
souvent pour eux qu'une garantie fictive ou
insuffisante. Ces sûretés, on les trouva dans
l'hypothèque, et l'Amérique est aujourd'hui
encore le seul pays du monde où cette hypothèque soit appliquée sous sa forme absolue et vraiment efficace en matière de chemins de fer.
Les créanciers hypothécaires des compagnies
espagnoles, par exemple, ne sauraient avoir de
droit matériel sur les lignes données en gage,
puisque c'est l'État qui en a la propriété ; leur
garantie ne porte que sur la concession. Au contraire, aux États-Unis, les obligataires ont un
véritable droit immobilier qui leur donne, au
cas de non-paiement, le pouvoir de faire vendre
les lignes elles-mêmes avec leurs accessoires et
leur matériel roulant ; le crédit est réel. Dans les
législations européennes, en Angleterre même,
quel que soit l'ordre de préférence établi entre
les obligataires, la garantie des divers emprunts
est générale et s'étend sur toutes les propriétés
de la compagnie débitrice ; cette généralité
même fait que le gage peut être amoindri ou
compromis soit par l'annexion de lignes impro-

ductives, soit même par des opérations étrangères à l'exploitation. En Amérique, on a paré à cet inconvénient : le crédit est non seulement réel, mais il est aussi spécial, c'est-à-dire qu'en principe chaque ligne ou section a son hypothèque propre et indépendante. On prête non pas tant à une compagnie, organisation financière complexe dont le crédit est sujet à des fluctuations, mais à une ligne de chemin de fer donnée, dont on connaît la valeur intrinsèque et la productivité annuelle. Extensions exagérées ou spéculations malheureuses, rien n'affectera cette garantie spéciale. Personne ne peut dénouer le lien qui attache la créance hypothécaire à la ligne hypothéquée, et comme ce lien prime tous les autres, tant que le gage reste « adéquat », c'est-à-dire tant que la ligne est maintenue en bon état et que sa productivité n'est pas atteinte, le prêteur n'aura pas à se préoccuper de la situation générale de la compagnie. C'est pourquoi on peut trouver chez des compagnies tombées en faillite des emprunts hypothécaires qui présentent une sécurité de premier ordre et sont quelquefois particulièrement recherchées comme valeurs de placement par les Américains.

« Le régime des chemins de fer aux États-

5.

Unis est, par ses qualités et ses défauts, essentiellement caractéristique de la nation américaine [1]. » Jamais ouvrier ne s'est mieux fait connaître dans une œuvre. Cette admirable force
d'initiative de l'Américain, cette énergie débor-
dante de création qui fait la valeur et l'honneur
de l'individu, rien ne les met mieux en relief que
le développement vraiment merveilleux et aujourd'hui la puissance colossale des chemins de
fer en Amérique. Les excès du régime sont ceux
mêmes de cet esprit d'entreprise, qui dans le
risque voit toujours le gain futur plutôt que la
perte possible, et dont l'abus devient témérité,
violence, spéculation. Dans chaque compagnie,
la constitution du pouvoir dirigeant, l'esprit et
les tendances de la gestion intérieure, font bien
ressortir la fécondité des ressources pratiques
chez l'Américain, l'indépendance des méthodes
et des formes préconçues, l'adaptabilité aux conditions nouvelles ou spéciales. Quant au régime
de la liberté et de la concurrence dans l'industrie
des transports, nous y trouvons le meilleur témoignage de la prédominance constante de l'effort
individuel sur l'action publique aux États-Unis.

1. Adams, *Railroads, their origin and problems.*

CHAPIRTE II

Les finances.

Avant d'étudier la constitution et la gestion
financières des compagnies de chemins de fer
aux États-Unis, il est utile de jeter un coup
d'œil sur la construction et l'exploitation technique des lignes, ainsi que sur l'exploitation commerciale, pour examiner quels sont les résultats des méthodes suivies en Amérique sur la
productivité et les finances des entreprises de
voies ferrées.

CONSTRUCTION ET EXPLOITATION TECHNIQUE

L'industrie des chemins de fer a rencontré à
sa naissance, en Amérique, des conditions d'ap-

plication très différentes de celles qui existaient
en Europe. La plupart des voies ferrées des
États-Unis, si nous exceptons celles de la Nouvelle-Angleterre et des États de l'est, ont été à
l'origine des lignes de colonisation ouvertes
dans des territoires nouveaux où le trafic même
était à créer. Malgré l'importance de leur rôle
économique, disons même national, et la gra-
vité des risques qui les accompagnaient, ces
entreprises recevaient peu de subventions des
autorités publiques ; elles ne pouvaient d'ailleurs
se procurer de capitaux qu'à des prix excessifs.
Les compagnies eurent donc, le plus souvent,
des commencements très pénibles, et bien peu
nombreuses sont celles qui, comme les peuples
heureux, n'ont pas d'histoire.

A des conditions spéciales, il était nécessaire
d'appliquer une méthode particulière de construction et d'exploitation. La ligne de conduite
suivie par les compagnies américaines peut se
caractériser, au point de vue financier, de la
façon suivante : on proportionne aussi rigoureusement que possible le service aux besoins
présents du trafic, et les dépenses aux produits
actuels de l'entreprise. Il faut restreindre le
risque à son minimum, et assurer l'utilisation

la plus économique des ressources disponibles?
A cet effet, on limite strictement le capital de
premier établissement en proportion des recettes
nettes, et les dépenses d'exploitation en proportion des recettes brutes; par la suite, on n'enga-
gera dans l'entreprise de nouveaux fonds qu'au
fur et à mesure du développement des bénéfices.
En Europe, les chemins de fer sont souvent
gérés plutôt comme des services publics que
comme des entreprises industrielles, et les compagnies font parfois un peu comme nos Cham-
bres, qui, dans leur budget, votent la dépense
avant la recette. Aux États-Unis, les chemins
de fer sont avant tout des affaires faites pour
gagner de l'argent : comme les particuliers, les
compagnies règlent leurs dépenses sur leurs
revenus. L'avenir ne doit pas être engagé
d'avance; la productivité présente de l'entreprise est la mesure et la limite des capitaux
qu'on y dépense. Tel est le principe qu'on trouve
à la base de la constitution et de la gestion financière des compagnies américaines. Cherchons
ses conséquences en examinant son application
dans la construction des lignes, puis dans
l'exploitation.

La méthode qui préside à l'établissement des

voies ferrées en Amérique apparaît aujourd'hui
encore fort clairement dans les États de l'ouest.
Ce qu'on cherche avant tout, c'est à construire le
plus légèrement et le plus rapidement possible,
en réalisant ainsi une double économie de temps
et d'argent. La souplesse spéciale du matériel à
double truck pivotant permet d'abaisser considérablement le rayon des courbes, et grâce à
cette flexibilité du tracé, on évite les travaux
d'art les plus coûteux. On ne recule pas devant
les fortes déclivités, qu'atténue d'ailleurs l'emploi fréquent du lacet. Les rails sont légers;
on compense l'absence uniforme de ballast
par le rapprochement des traverses, et l'usage
du bois est général pour tous les ouvrages
d'art. Les lignes sont donc réduites à leur
plus simple expression : ce sont des ébauches,
des schémas de voies ferrées; elles présentent
au suprême degré cet aspect provisoire et hâtif
qui est le caractère spécial de toute œuvre d'industrie dans l'ouest américain. On voit d'ailleurs
les avantages de la méthode : le coût de premier établissement étant abaissé à son minimum,
le risque est lui-même limité comme le capital
engagé, et on peut arriver, dès la première
année de l'exploitation, à payer les charges fixes

sur les produits du trafic naissant; la période d'improductivité du capital est aussi réduite que possible [1].

Une ligne construite dans de semblables conditions ne peut évidemment satisfaire à un trafic donné, si minime qu'il soit, qu'à la condition d'être sans cesse entretenue et perfectionnée. Si donc les recettes ne s'accroissent pas, la ligne dépérira peu à peu, faute de fonds, elle tombera en faillite, et sera rachetée par une autre compagnie; avec des charges fixes réduites dans une proportion suffisante, elle vivra ensuite tant bien que mal jusqu'au jour où son trafic se développera. Tel a été trop souvent dans l'ouest le sort de lignes mal conçues ou construites à trop grands frais : *Fools build the houses for wise men to live in* [2], dit un proverbe américain. L'une des grandes compagnies du nord-ouest, le *Chicago Milwaukee and Saint-Paul*, a été ainsi formée, pour une grande part, de lignes locales faillies et rachetées à bon compte.

Si au contraire la région traversée se déve-

---

1. Le *Great Northern* est arrivé à construire par an 800 à 900 kilomètres de sa grande ligne transcontinentale à travers les Rocheuses pour moins de 80 000 francs par kilomètre.

2. « Les fous construisent les maisons, et les sages y habitent. »

loppe, si le trafic augmente, la compagnie fait
de suite des bénéfices et acquiert du crédit sur
le marché. Elle améliore alors son service au
fur et à mesure des besoins, perfectionne la voie
et le tracé, développe l'exploitation de manière
à se hausser toujours au niveau de ses affaires.
Aux États-Unis, le trafic général progresse dans
l'ensemble avec une rapidité inouïe; toute compagnie de chemins de fer, bonne ou mauvaise,
ancienne ou récente, est donc obligée, pour cette
raison même, de faire fréquemment appel à
des capitaux nouveaux : elle devra emprunter
sans cesse, et son compte de premier établissement ne sera jamais clos. Cette nécessité du
réapprovisionnement constant en ressources est
l'un des traits caractéristiques du régime financier des chemins de fer en Amérique. C'est là
ce qui explique pourquoi tant de compagnies,
prospères en apparence, sont en fait à court
d'argent, et pourquoi les dettes flottantes sont
choses si répandues chez les compagnies américaines. Un pareil état de choses présente évidemment de graves dangers dans certaines circonstances. Une compagnie peut, à un moment où
l'accroissement du trafic et l'insuffisance de ses
propres moyens réclament impérieusement des

ressources nouvelles, se trouver dans l'impossibilité absolue de négocier un emprunt, soit par suite de la mauvaise situation de ses finances, soit en raison de l'état général du marché. Ainsi sont tombées bien des compagnies dont les recettes d'exploitation paraissaient fort satisfaisantes : c'est le cas de l'*Erie*[1] en 1893, succombant devant un excès de trafic ; c'est celui d'un grand nombre de lignes qui sont passées brusquement, sans motif apparent, de la classe des compagnies « payant dividendes » aux mains des *receivers*[2].

D'après ce que nous avons dit de la méthode de construction, on ne s'étonnera pas de trouver que le coût de premier établissement des lignes est, en moyenne, beaucoup plus faible aux États-Unis qu'en Europe. Il représente en effet pour l'ensemble du réseau une somme de 170 000 francs par kilomètre (1892) ; or le prix de revient du kilomètre ressort en France à 423 000 francs (lignes d'intérêt général, 1889), et en Angleterre à 722 000 francs (1892). Nous trouvons, à la vérité, dans l'est de l'Amérique quelques compagnies à trafic excessivement lourd, dont le

1. Appellation usuelle du *New-York Lake Erie and western*.
2. Administrateurs judiciaires. Voir le chapitre IV.

coût d'établissement se rapproche des chiffres
européens. Dans le groupe des *trunk lines*, le
New-York central et le *Pennsylvania railroad*,
qui ont tous deux quatre voies sur une bonne
partie de leur grande ligne, ont coûté respectivement 582000 et 596 000 francs le kilomètre.
En Nouvelle-Angleterre, on rencontre encore
des lignes qui, comme le *Boston and Albany*,
ressortent au prix kilométrique de 300 000 francs.
Mais dans tout le reste du territoire, le prix de
revient s'abaisse considérablement. Dans l'ouest,
nous avons les chiffres de 117 000 francs pour le
Chicago and Northwestern, et de 103 000 francs
pour le *Chicago Milwaukee and Saint-Paul*;
parmi les lignes transcontinentales, on obtient
ceux de 87 500 francs pour le *Great Northern* et
de 145 000 francs pour le *Canadian Pacific*; dans
le sud enfin, l'*Illinois Central* donne le chiffre
de 170 000 francs. La construction des lignes a
d'ailleurs donné lieu en Amérique, surtout dans
les premiers temps de l'histoire des chemins de
fer, à des fraudes sans nombre, en présence des-
quelles l'indifférence de l'opinion et du gouvernement n'a elle-même été rien moins que
scandaleuse. Le procédé le plus fréquemment
employé pour exploiter à la fois les compagnies

et le public a été celui des *construction rings*, composés d'administrateurs des compagnies ou de créatures à eux, qui se faisaient payer deux et trois fois la valeur des travaux dont ils recevaient la concession. C'est ainsi qu'une société américaine connue sous le nom de *Crédit mobilier* a reçu et distribué en dividendes la plus grande partie des actions de l'*Union Pacific*; la *North River construction company* a touché, pour la construction du *West shore*, en obligations et actions, 100 000 dollars par mille de ligne à voie unique, et 200 000 dollars par mille de ligne à voie double, soit, de l'aveu même du président de la société de construction, plus du double du prix réel[1]. Bien des lignes américaines, même parmi celles qui sont aujourd'hui rénumératrices, n'ont été entreprises à l'origine que pour enrichir leurs fondateurs aux dépens du public ignorant. En raison de ces majorations, on doit donc abaisser sensiblement le chiffre réel du coût d'établissement moyen des lignes américaines.

On comprend qu'il soit impossible de donner une appréciation d'ensemble sur les conditions matérielles et techniques d'un réseau dont l'état

1. Hudson, *The railroads and the republic*. New-York, 1889.

d'avancement est si varié. Entre une des *trunk lines* de l'est et une des petites lignes locales du *far west*, il n'y a guère de commun que le nom de voie ferrée, et l'intervalle qui les sépare est occupé par une série continue de types de lignes plus ou moins développées, qui se perfectionnent au fur et à mesure de l'accroissement même de leur trafic et de leur productivité. Dans l'ouest et dans le sud, l'état technique d'une ligne peut servir de mesure à sa prospérité économique et financière. Dans les États du centre et du nord-ouest, les grandes lignes se présentent en général dans des conditions techniques assez satisfaisantes. Quant aux *trunk lines* et aux bonnes compagnies de la Nouvelle-Angleterre, elles sont aujourd'hui dans un état matériel de premier ordre, et peuvent soutenir avantageusement la comparaison avec nos meilleures lignes européennes.

On trouve dans l'exploitation des chemins de fer américains l'application des mêmes principes qui ont présidé à la construction des lignes. Les compagnies s'entendent merveilleusement à proportionner leur service à l'importance de leurs affaires, et nulle part l'exploitation, plus souple, ne se mesure plus habilement aux exigences du

pays traversé et à la densité du trafic. Les prescriptions légales laissant en général aux compagnies la plus grande liberté dans leur organisation technique, les frais d'exploitation sont,
sur les lignes à faible trafic, restreints à leur
minimum. Dans le service du mouvement, le
nombre des trains et leur degré de vitesse sont
rigoureusement limités aux besoins. La surveillance sédentaire fait le plus souvent place à un
service ambulant; le nombre des employés per-
manents est aussi réduit que possible : l'exploitation prend une qualité d'élasticité exceptionnelle. Ce qui prouve l'importance des résultats
obtenus dans ce sens, c'est le fait suivant, mis
en lumière par M. Pontzen [1]. Tandis que la quotité des dépenses par kilomètre exploité varie
dans une mesure extrême — c'est la conséquence d'une grande diversité dans l'importance
du trafic suivant les régions et suivant les lignes,
— au contraire la quotité des dépenses par kilomètre de train ne varie que dans des limites très
étroites.

Cette souplesse de l'exploitation trouve une
application remarquable dans les cas de crises

1. *Les chemins de fer en Amérique*, II, 384.

commerciales. Aux époques de crise, pour compenser la baisse des recettes, tous les procédés imaginables d'économie sont appliqués avec une sévérité exceptionnelle : réductions dans le service, renvois de personnel, abaissements de salaires, etc. Prenons comme exemple l'une des grandes compagnies du nord-ouest, le *Chicago Milwaukee and Saint-Paul* : dans l'exercice 1893-1894, la crise générale qui sévissait aux États-Unis a fait tomber les recettes brutes de 4 445 478 dollars sur celles de l'exercice précédent ; d'autre part les dépenses ont été réduites de 3 598 611 dollars, de telle sorte que la différence d'un exercice à l'autre n'a plus été, pour les recettes nettes, que de 846 867 dollars. Les renvois d'ouvriers et les réductions de salaires ne sont pas d'ailleurs sans attirer de nombreuses réclamations de la part du personnel. En août 1893, le *Southern Pacific* ne congédia pas moins de deux mille ouvriers, et à la même époque l'*Union Pacific* abaissait les salaires de tous ses employés dans une proportion variant de 10 à 20 p. 100. La plupart des compagnies imitèrent cet exemple, et, les *cut wages* ayant rencontré une vive opposition, des grèves locales éclatèrent sur un grand nombre de points. Les troubles plus graves du printemps de l'année 1894 permettent de douter qu'à l'avenir les compagnies puissent recourir de nouveau à ce procédé, du moins en l'appliquant avec une semblabe rigueur.

Le prix de revient de l'exploitation a, dans ces dernières années, sensiblement diminué aux États-Unis. La statistique officielle [1] ne donne à cet égard de renseignements que pour les exercices 1887-88 à 1891-92 : nous trouvons que, pour l'ensemble du réseau, la dépense par voyageur kilométrique a baissé de 5,4 p. 100, et la dépense par tonne kilométrique de 7,5 p. 100 dans ce court espace de temps. Quelques compagnies publient des statistiques qui couvrent une période de temps plus longue. Nous voyons ainsi que le prix de revient de la tonne-mille a été réduit, de 1883 à 1892, dans une proportion de 17,6 p. 100 sur le *New-York central*, de 17,4 p. 100 sur le *Pennsylvania railroad* (*Pennsylvania railroad Division*), de 25,6 p. 100 sur le *Boston and Albany*. On trouve là le témoignage et la conséquence des améliorations apportées au premier établisse-

---

1. *Annual reports on the statistics of railways* (*Interstate commerce commission*). L'exercice légal pour les compagnies de chemins de fer va du 1er juillet au 30 juin.

ment sur les grandes lignes de l'est et d'une
manière générale dans presque toutes les bonnes
compagnies, sacrifices qui se résolvent en une
réduction progressive du prix de revient de
l'exploitation. Cette réduction tient aussi à
d'autres causes : la formation des grands
réseaux, qui abaisse les frais généraux à leur
minimum, les progrès techniques réalisés dans
le service du mouvement et celui de la traction ;
ajoutons le grand accroissement du trafic, car
l'industrie des transports est l'une de celles où
les économies dépendent le plus de l'augmentation du volume d'affaires.

Il semble aujourd'hui que le coût de l'exploitation soit en moyenne un peu moins élevé aux
États-Unis qu'il n'est pour nos compagnies françaises. La différence porterait d'abord sur le
service de la traction, auquel les énormes distances du continent américain donnent une importance toute spéciale, puis, dans une moindre
mesure, sur celui du mouvement, où une meilleure utilisation du matériel roulant produirait
aussi des économies notables. En 1889, le prix
de revient moyen total de l'unité kilométrique[1] était en France, pour le réseau d'intérêt

1. Soit le montant total des dépenses d'exploitation divisé

général, de 3,014 centimes ; il était à la même époque de 2,635 centimes pour l'ensemble des États-Unis, où il n'est plus en 1892 que de 2,375 centimes [1].

Le prix de revient de l'exploitation est-il susceptible de diminuer encore dans les grandes compagnies américaines ? — Nous remarquerons d'une part que si les procédés d'économie ont tous une limite, en raison de leur diversité même, cette limite est dans l'ensemble plus difficile à atteindre ; en outre, c'est un des privilèges de l'industrie des chemins de fer que les dépenses d'exploitation y croissent dans une mesure moins que proportionnelle à la progression du trafic, et il y a là, ce semble, une certaine marge pour les économies dans l'avenir. D'autre part, certains *railroad men*, entre autres M. Stuyvesant Fish, président de l'*Illinois Central*, déclaraient récemment que les économies ont été poussées aussi loin que possible, et que les chemins

par le total du nombre de voyageurs kilométriques et du nombre de tonnes kilométriques.

1. L'une des compagnies américaines qui fait au meilleur marché le service des marchandises, c'est sans doute le *Philadelphia and Erie*, qui forme un des éléments du réseau pensylvanien, et dont le trafic est composé principalement de houille : le prix de revient de la tonne kilométrique n'y est que de 1,05 centime.

de fer se trouvent maintenant dans l'alternative
ou de hausser leurs tarifs ou de réduire le service. Quoi qu'il en soit, une chose semble certaine, c'est que d'ici peu de temps les compagnies seront amenées, de gré ou de force, à faire
des sacrifices de plus en plus grands pour le sou-
tien de leur personnel. On s'étonnera que,
malgré l'acuité de la question ouvrière posée
depuis quelques années en Amérique, fort peu
de compagnies aient jusqu'à présent songé au
soulagement de leurs employés. Le *Pennsylvania
railroad* et quelques autres *trunk lines* ont créé
un *relief fund*, caisse de secours alimentée par
des versements facultatifs des ouvriers et des
versements correspondants de la compagnie;
certaines lignes de l'ouest, par exemple le *Chicago Burlington and Quincy*, ont récemment
fait de même. Mais la grande majorité des
compagnies n'est pas encore entrée dans cette
voie; à cet égard, on peut escompter, sans doute
à une échéance probablement peu éloignée, une
notable augmentation des dépenses d'exploitation sur les réseaux américains.

EXPLOITATION COMMERCIALE

1° *Trafic*. — Ce qui caractérise avant tout le trafic des compagnies de chemins de fer aux États-Unis, et le rend fort peu comparable au trafic de nos lignes européennes, c'est d'abord l'énorme prépondérance du mouvement des marchandises sur le mouvement des voyageurs, et c'est ensuite la force de progression extraordinaire dont fait preuve d'année en année le trafic général en Amérique.

En France, il a longtemps été de tradition d'assimiler l'une à l'autre les deux unités de transport, le voyageur kilométrique et la tonne kilométrique; aujourd'hui l'une d'elles, la première, se trouve en quantité d'un quart inférieure à l'autre sur notre réseau d'intérêt général (1891). Or, aux États-Unis, le nombre des tonnes-kilomètres est plus de six fois supérieur au nombre des voyageurs-kilomètres, et cet écart, qui était du quintuple il y a dix ans, s'accentue sans cesse à mesure du développement de la production. Cette prépondérance du service des marchandises sur celui des voyageurs réduit en proportion celui des deux éléments du trafic qui est peut-être le plus stable. Mais, d'autre part, le voyageur-kilomètre coûte en moyenne aux compagnies trois fois plus que la tonne-kilomètre, et, malgré la différence des tarifs, rapporte net, en moyenne, un quart ou un tiers en moins :

STATISTICS OF RAILWAYS	EXERCICE 1889-90.	EXERCICE 1890-91.	EXERCICE 1891-92.
Revenu brut par voyageur-kilomètre, en *cents*.	1,346	1,331	1,321
Prix de revient — —	1,191	1,187	1,205
Produit net — —	0,155	0,144	0,116
Revenu brut par tonne-kilomètre, en *cents*.	0,585	0,556	0,558
Prix de revient — —	0,376	0,362	0,362
Produit net — —	0,209	0,194	0,196

La répartition des dépenses entre le trafic-voyageurs et le trafic-marchandises est faite suivant les règles posées par l'*Interstate commerce commission*.

La différence relative entre le produit net afférent au trafic-voyageurs et le produit net afférent au trafic-marchandises sera donc plus grande encore que la différence entre le mouvement comparé de ces deux éléments de trafic.

Le mouvement moyen des voyageurs est, dans une contrée en voie de peuplement et de colonisation, forcément minime; il n'atteint, pour l'ensemble des États-Unis, qu'un chiffre de 79 600 voyageurs à la distance entière, alors que le chiffre correspondant est pour la France de 260 173 voyageurs (réseau d'intérêt général, 1891). Dans les États de la Nouvelle-Angleterre et de l'est, où les conditions économiques et démographiques du pays se rapprochent de celles qui existent en Europe, la densité du trafic s'élève notablement au-dessus de cette moyenne. C'est là que sont les grandes lignes à voyageurs, et malgré la concurrence dès à présent redoutable de la traction électrique, on trouve là des chemins de fer qui, comme le *New-York New-Haven and Hartford*, présentent un mouvement supérieur à celui des compagnies françaises les plus chargées. Au contraire, dans l'ouest et dans le sud de l'Union, le transport des voyageurs se réduit en même temps que la densité de la population : la circulation humaine n'est plus que l'accessoire devant l'énorme mouvement des produits. Plusieurs lignes du *far west* font le service à perte. Peu de compagnies y réalisent des bénéfices sérieux, à part celles qui ont comme *passenger routes* une réputation particulière, ou bien celles qui, comme le *Chicago and Alton,* réunissent deux grands centres de population.

Le trafic des marchandises présente aux États-Unis ce trait particulier qu'il se compose d'un petit nombre de produits transportés en quantités considérables : c'est un trafic de gros. Ce caractère spécial engendre la conséquence suivante : les recettes des compagnies se ressentent plus que partout ailleurs des variations dans la production, les prix ou la consommation de l'une quelconque des grandes classes de marchandises. Une crise vient-elle à frapper une de ces branches de produits? Les chemins de fer en souffriront parfois plus que le commerce lui-même, parce qu'ils sont encore moins maîtres de leurs tarifs que celui-là ne l'est de ses prix. D'ailleurs le principal régulateur des recettes, l'élément qui joue dans la vie économique de la nation le rôle le plus important, c'est la récolte. Si l'ouest vend à l'est beaucoup de blé et à bon prix, il lui achètera en même temps davantage, et les chemins de fer y trouveront double bénéfice. Au contraire, dans ce pays qui n'a pas eu le temps de se constituer de réserve, une mauvaise récolte est un malheur général. C'est la ruine pour certaines lignes; pour toutes les compagnies, c'est une baisse considérable dans les recettes de l'exploitation. Nulle part les crises qu'amènent les mauvaises années n'ont des effets plus profonds et plus étendus, des conséquences plus générales et plus désastreuses.

Un second trait à signaler dans le mouvement des marchandises, c'est une certaine spécialisation du trafic entre les diverses compagnies : le service semble parfois être l'objet d'une sorte de division du travail par nature de produits. Ainsi un grand nombre de lignes se sont adonnées, non point sans doute exclusivement, mais à titre principal, au transport d'un article spécial. Dans la Pensylvanie orientale, six ou sept compagnies accaparent à leur profit la presque totalité du trafic de l'anthracite, et sont propriétaires directes de la plupart des houillères : on les appelle les *coal roads*. Dans l'ouest, le groupe des *granger roads* est affecté tout spécialement au transport des céréales; le *Denver and Rio Grande* l'est à celui des minerais d'argent dans le Colorado. Enfin, entre les *trunk lines* mêmes, certains produits ont leurs préférences marquées. Cette sorte de spécialisation est susceptible d'aggraver singulièrement les conséquences des crises sur les compagnies qu'elles frappent.

A l'heure actuelle, la densité moyenne du trafic des marchandises sur le réseau américain est très supérieure à celle que présente le réseau français. Pour l'ensemble du territoire des États-Unis, le mouvement rapporté à la distance entière s'élève au chiffre de 502 705 tonnes, tandis qu'il n'est que de 333 000 tonnes sur notre réseau d'intérêt général; sous cette moyenne on trouve nécessairement des différences considérables suivant les réseaux. Sur le *Pennsylvania railroad*, le tonnage à la distance entière atteignait en 1892 quatre fois celui de notre compagnie du Nord; sur l'*Erie* et le *Delaware Lackawanna and Western*, il représente plus de trois fois ce même chiffre. Dans les États du centre, sur les prolongements des *trunk lines* (*Lake shore, Pennsylvania company*), nous trouvons encore des tonnages dépassant le double de celui du Nord. En Nouvelle-Angleterre, le mouvement des marchandises est en général moins considérable : il monte pourtant à plus d'un million de tonnes à la distance entière sur le *Boston and Albany* et le *Fitchburg*, les prolongements des *trunk lines* sur Boston. Dans le reste des États-Unis, le trafic varie proportionnellement, suivant les compagnies et suivant les régions, de la moyenne de 228 603 tonnes à la distance entière (États du Pacifique) à celle de 324 327 tonnes (États du sud-est).

L'accroissement prodigieux du trafic sur le réseau américain est un fait dont on ne saurait assez faire ressortir l'importance. C'est un facteur auquel il a été donné de réparer ou d'atténuer bien des fautes commises dans la gestion des compagnies, et qui peut faire excuser jusqu'à un certain point, chez tant de *railroad men*, un optimisme très voisin de l'imprévoyance. De 1880 à 1890, la population s'est accrue aux États-Unis de 24 p. 100, et la richesse, tant mobilière qu'immobilière, de 49 p. 100 ; la progression du trafic des chemins de fer a été plus rapide encore. De 1882 à 1892, le mouvement des voyageurs a presque doublé, montant de 7 688 468 538 à 13 697 343 804 voyageurs-milles, et le mouvement des marchandises a plus que doublé, s'élevant de 39 202 209 249 à 84 448 197 130 tonnes-milles. L'élément de prospérité qu'un semblable développement d'affaires donnait gratuitement aux compagnies s'est trouvé en partie compensé par l'essor qu'y a pris la construction des lignes nouvelles. Dans la même

7.

période décennale, de 1882 à 1892, le réseau
ferré des États-Unis s'est étendu de 95 752 milles
à 170 607 milles, de sorte que le nombre de
voyageurs à la distance entière est resté sensiblement le même, et que le nombre de tonnes
à la distance entière ne s'est augmenté que de
6,3 p. 100. L'accroissement du réseau a ainsi
presque égalé la progression du trafic.

2° *Tarifs*. — En exposant les traits généraux
du régime économique des chemins de fer aux
États-Unis, nous avons signalé deux facteurs qui
ont joué un rôle essentiel dans l'histoire de la
tarification : la concurrence d'une part, et d'autre
part les lois des *grangers* dans les États de l'ouest.
De ces deux causes de réduction progressive des
tarifs, la première a agi d'une façon beaucoup
plus durable que la seconde, quoique souvent
par des procédés aussi violents et aussi regrettables. En imposant aux compagnies des tarifs
très réduits et parfois absolument ruineux, les
législatures locales de l'ouest avaient pour but,
non seulement de réduire à son minimum le
prix des transports et d'ébranler la puissance
économique et financière des compagnies, mais
surtout d'obtenir une uniformité absolue dans les

tarifs. Ce but idéal et théorique, elles n'ont pas réussi à l'atteindre : par l'effet même de la concurrence, l'Amérique est aujourd'hui l'un des pays du monde où les tarifs de chemins de fer sont les plus instables et les moins uniformes.

L'extrême instabilité des tarifs est la conséquence inévitable de cet état de guerre perpétuelle qui constitue le régime normal des rapports entre les compagnies ‹de chemins de fer aux États-Unis. Cette instabilité est redoutable à la fois pour le commerce, dont elle double les risques et qu'elle oblige à vivre au jour le jour, et pour les compagnies, qu'elle expose à des fluctuations de recettes parfois considérables et fort dangereuses. Le seul remède à cette situation se trouve dans la réglementation pratique de la concurrence, dans l'organisation d'un *modus vivendi* entre les compagnies, soit association de tarifs, soit *pool* ou association de trafic. Mais ces arrangements diplomatiques, reposant sur un système de concessions réciproques, sont si faciles à rompre et si peu en harmonie avec les habitudes actuelles d'indépendance des compagnies, qu'ils n'ont eu jusqu'à présent qu'un succès éphémère ; l'avenir prouvera sans doute leurs avantages très réels.

L'autre trait caractéristique de la tarification, c'est son absence d'uniformité, conséquence nouvelle du régime de la concurrence : le prix des transports, qui s'abaisse progressivement là où deux lignes se trouvent en rivalité, s'élève partout ailleurs en raison inversement proportionnelle ; le trafic de transit et le trafic local subissent un traitement absolument opposé.

Partout où il y a concurrence, entre tous les *competitive points*, les tarifs sont naturellement aussi réduits que possible : c'est le cas du trafic de transit, auquel les compagnies appliquent des tarifs à base décroissante très accentuée. Nulle part les tarifs différentiels n'ont pris plus d'extension qu'en Amérique, et d'ailleurs nulle part ils ne peuvent mieux se justifier, en raison de l'énormité des distances parcourues par les trains sans rompre charge, et de la faiblesse relative des dépenses dans les stations. Ils ont été réclamés tout d'abord par les fermiers de l'ouest, ces *eveners* qui voulaient mettre leurs États sur un pied d'égalité avec ceux de l'est au point de vue de la production agricole. Depuis lors, ils se sont largement développés sous l'empire de la concurrence croissante, favorisant dans chaque région la mise en valeur des richesses naturelles et l'utilisation des ressources propres. Parfois, en supprimant la distance, ils causent, par l'abus qui est fait de la dégression des tarifs, de graves préjudices à certaines branches d'industrie ou à certains centres industriels. Alors ils sont attaqués devant l'*Interstate commerce commission*, comme l'ont été récemment les tarifs des expéditions de blé du Dakota sur Minneapolis, qui, égaux aux tarifs de Duluth et de Superior city, plaçaient la minoterie de Minneapolis dans un état d'infériorité désastreuse.

Le trafic de transit, s'il fait honneur à une ligne en l'élevant au rang de *through route*, lui rapporte peu : la concurrence est trop vive et les prix sont trop bas. En revanche, le trafic local d'une compagnie, celui qui est né sur son réseau propre, ne peut lui être disputé, c'est son monopole ; celui-là subit alors des tarifs plus élevés, il paie pour l'autre. Comme ce trafic local est le seul vraiment rémunérateur, on cherche à le développer le plus possible. De là ces innombrables embranchements locaux que les compagnies greffent à droite et à gauche de leurs grandes lignes pour ramasser le trafic, ces *feeders* qui jouent dans la circulation économique le rôle de vaisseaux capillaires, et qui, mal choisis, deviennent si facilement, selon l'expression de M. Swann [1], des *suckers*. Un bon trafic local, stable, soustrait à l'empiétement des compagnies voisines, voilà ce que les compagnies américaines recherchent le plus, parce que c'est le seul qui « paie ».

Deux faits contribuent à aggraver en Amérique les inégalités de la tarification, ce sont les *discriminations*, et le trafic illégal des billets des chemins de fer, le *ticket brokerage*. Les *discriminations* — ces tarifs spéciaux accordés secrètement aux gros expéditeurs de marchandises — sont actuellement prohibées dans la plupart des États ainsi que dans le commerce d'État à État : elles excitent la concurrence illégitime entre les compagnies, démoralisent le commerce et ruinent les petits industriels au profit des syndicats, des *trusts*. Mais les lois réforment difficilement les mœurs ; bien qu'atténué, le fléau subsiste encore aujourd'hui, et cela en raison surtout de l'organisation particulière du service commercial dans les compagnies, où les agents jouissent d'une certaine latitude pour abaisser ou relever les tarifs officiels suivant les circonstances. Quant au cour-

1. *An investor's notes on american railroads.* New-York, 1887.

tage des billets de voyageurs, c'est un mal presque aussi ancien. L'institution d'un intermédiaire entre les compagnies et leurs clients semble plus inutile que partout ailleurs en Amérique, parce que nulle part les chemins de fer ne disposent de plus de bureaux ouverts au public; les marchands de billets ou *scalpers* ne vivent donc qu'en parasites aux dépens des compagnies. Ils touchent d'abord des commissions pour la clientèle qu'ils apportent à celles-ci. Puis ils trafiquent des billets de retour et d'excursion, des billets de faveur donnés à profusion par chaque compagnie en paiement de publicité, des cartes de circulation [1] envoyées aux politiciens locaux ou autres personnages influents et cédées par eux; ils revendent toute cette marchandise avec bénéfice au public. La seule ville de New-York compte treize de ces agences dites de *cut rates*; Chicago en a quinze, Cincinnati, neuf; on estime que cette industrie couvre quatre fois ses frais et rapporte pour l'ensemble des États-Unis un million de dollars environ, un million sorti de la poche des compagnies. Tout le monde se plaint

1. L'abus des parcours gratuits, le paiement des annonces et de la réclame en *transportation*, sont très répandus en Amérique, et donnent lieu aux critiques les plus vives et les mieux justifiées.

du *scalping*, mais personne ne le verrait supprimer avec plaisir, le public parce qu'il voyage à meilleur compte, les compagnies parce qu'elles s'en servent dans le service des voyageurs comme des *discriminations* dans le service des marchandises, *to get the trade*.

Dans l'ensemble, le régime de la concurrence a eu pour effet de réduire progressivement et dans une mesure considérable les tarifs des transports aux États-Unis ; c'est à lui que l'Amérique doit d'avoir devancé l'Europe dans l'une des principales conquêtes économiques des temps modernes, le bas prix du transport des produits. Cet abaissement des tarifs a suivi une marche parallèle aux progrès de la concurrence, procédant par région et par à-coup ; il a été beaucoup plus rapide pour les marchandises que pour les voyageurs. De 1882 à 1892, le revenu moyen par voyageur et par mille est descendu de $2^{cents},514$ à $2^{cents},143$, soit de 17 p. 100 ; le revenu par tonne et par mille, de $1^{cent},236$ à $0^{cent},967$, soit de 27 p. 100. La réduction a été beaucoup plus sensible sur les lignes de l'est et du nord-ouest, où la concurrence est la plus vive, et où les tarifs sont aujourd'hui les plus bas ; les tarifs sont restés plus élevés dans le sud-est et le sud-ouest, sur

les lignes transcontinentales, sur celles du Pacifique et du *far west*. Les compagnies canadiennes,
le *Canadian Pacific* surtout, ont le grand avantage d'être affranchies, dans le trafic avec les
États-Unis, de la législation restrictive concernant les tarifs différentiels; elles peuvent ainsi
établir des tarifs de transit exceptionnellement
bas, et en profitent pour faire une guerre sans
merci aux compagnies américaines.

Le rapprochement des tarifs en vigueur aux
États-Unis et des tarifs appliqués en France serait
un travail fort délicat. Nous nous contenterons
ici de comparer les produits bruts moyens par
unité transportée sur l'ensemble du réseau américain et sur le réseau de quelques-unes de nos
grandes compagnies françaises :

1892	PRODUIT MOYEN	
	par voyageur et par kilomètre.	par tonne et par kilomètre.
	centimes.	centimes.
États-Unis...................	6,65	3
France (impôts déduits) :		
Nord....................	3,75	4,66
Est......................	3,88	5,09
P.-L.-M..................	4,44	5,24
Ouest...................	4,08	5,55

Le produit moyen par voyageur kilométrique est plus élevé aux États-Unis, comme le produit moyen par tonne kilométrique est plus élevé sur nos grands réseaux : l'écart relatif est à peu près le même dans les deux cas.

En résumé, l'exploitation technique et l'exploitation commerciale des chemins de fer aux États-Unis ont fait ressortir, dans les dix dernières années, une double série de faits : d'une part, un accroissement énorme dans le trafic et une notable réduction dans le coût de l'exploitation; d'autre part, un sensible abaissement dans les tarifs et une augmentation prodigieuse dans la longueur du réseau. De ces deux groupes de forces contraires, lequel l'a emporté? On concevra aisément que c'est l'allongement du réseau qui a pesé le plus lourd dans la balance, entraînant à sa suite une diminution considérable dans la productivité de l'industrie des transports aux États-Unis. C'est ce que prouve le tableau suivant :

	1880	1885	1890	1891	1892
Longueur exploitée en kilomètres.	135 518	198 421	254 284	264 297	274 506
Capital-actions francs.	12 768 670 885	19 088 489 160	23 201 197 890	23 758 752 490	24 315 595 365
Capital-obligations —	11 960 089 100	18 828 635 330	25 529 520 125	25 894 109 945	27 025 249 845
Capital total —	24 728 759 985	37 042 124 490	48 730 708 015	49 652 862 435	51 340 845 210
Coût par kilomètre —	171 697	171 097	167 132	166 712	169 807
Recettes brutes par kilomètre —	22 703	19 460	21 364	21 523	21 709
Recettes nettes par kilomètre —	9 416	6 790	6 718	6 737	6 426
Coefficient d'exploitation p. 100.	58 52	65 12	68 51	68 83	70 40
Intérêts sur la dette p. 100.	4 51	4 77	4 36	4 25	4 25
Dividendes p. 100.	3 02	2 02	1 80	1 85	1 68
Rapport du produit net au capital d'établissement. } p. 100.	5 15	3 36	3 03	3 06	3 01

CAPITAL-ACTIONS

Dans toutes les entreprises qui nécessitent l'immobilisation de fonds considérables, la question du rapport du capital social au capital emprunté se pose à la base de la constitution financière des compagnies. Le bon sens demande que le capital-actions soit assez grand pour garantir aux obligataires la sécurité de leurs titres en même temps que l'honorabilité de la gestion; il faut éviter toute disproportion entre l'élément du capital qui, exposé aux risques, participe à la direction des affaires, et l'élément qui, exclu de cette direction, n'échappe aux risques que s'il a devant lui un capital-actions suffisant pour le couvrir. Dans nos grandes compagnies françaises, ce qui peut faire excuser l'existence d'une énorme disproportion entre ces deux éléments du capital, c'est le contrôle de l'État et la garantie des intérêts. En Grande-Bretagne, nous voyons que, pour l'ensemble des compagnies de chemins de fer, le capital-obligations ne dépasse pas 38 p. 100 du capital-actions. Aux États-Unis[1], le montant du

---

1. *Annual reports on the statistics of railways (Interstate commerce commission).*

capital social de toutes les compagnies, égal en
1892 à 4 553 801 852 dollars, reste inférieur de
492 603 847 dollars au montant de leur capital-
obligations.

Alors qu'en Europe la plupart des pays ont
réglé par des lois cette question de la proportion
du capital-actions au capital-obligations, la législation est aux États-Unis presque muette à cet
égard. Dans quelques États (Massachusetts, Ohio,
Kansas, Missouri), des statuts décident que les
compagnies ne pourront emprunter une somme
supérieure au montant de leur capital social ;
une loi de l'État de New-York exige, pour la concession d'une *charter*, la justification d'un capital-
actions minimum de 10 000 dollars par mille
de ligne. Mais ces restrictions, dont les compagnies arrivent toujours à s'affranchir, comme on
sait si bien faire en Amérique de toute entrave
légale ou prohibition gênante, n'ont en somme
que peu d'effet pratique, et on peut dire que les
compagnies américaines jouissent en fait d'une
liberté absolue dans la constitution de leur
capital.

Comment les compagnies ont-elles pratiquement fait usage de cette liberté?

Les petites compagnies, les entreprises locales,

n'ont souvent pas eu recours à l'emprunt, ou
ne l'ont fait d'ordinaire que dans une proportion raisonnable. Au fur et à mesure de leur
annexion aux grands réseaux, leurs actions dis-
paraissent d'ailleurs de la circulation, et font
place à des obligations en *collateral trust* émises
par les compagnies qui les achètent.

Quant aux grandes compagnies, il faut les
classer par groupes. Dans la Nouvelle-Angleterre, elles n'ont généralement fait appel au crédit que pour des sommes assez faibles, le capital-
actions devant subvenir à la plus grosse part
des dépenses. C'est ainsi qu'au 30 juin 1892,
le *New-York New-Haven and Hartford* n'avait
que 5 millions de dollars de dette contre 23 millions de capital-actions; le *Boston and Albany*,
5 millions contre 25. Nous trouvons une situation assez semblable dans le groupe des chemins
de fer charbonniers, à l'exception du *Philadelphia and Reading* et du *Jersey central*. Dans
ces deux premiers groupes, plusieurs compagnies, dont les actions atteignent des cours
élevés, s'appliquent énergiquement à réduire
leur capital-obligations en lui substituant peu
à peu des actions, sans doute dans le but de
faire profiter leurs actionnaires de la prime sur

les actions nouvelles qu'elles leur vendent au pair. Quant aux *trunk lines*, elles ont toutes, moins une, un capital-actions égal ou un peu supérieur à leur capital-obligations; leur ligne de conduite est d'accroître, au fur et à mesure des besoins, le premier plutôt que le second. Le *Baltimore and Ohio* n'a adopté un autre système que dans l'espérance de maintenir à ses actionnaires les dividendes élevés qu'il leur distribuait à l'origine, et cette méthode ne semble guère lui avoir réussi.

Dans l'ouest et dans le sud des États-Unis, nous trouvons un spectacle tout différent; la prédominance du capital-obligations sur le capital-actions, au lieu d'être l'exception, devient la règle, et avec un capital emprunté considérable, parfois gigantesque, les compagnies n'ont souvent qu'un fonds social relativement faible. Prenons deux exemples parmi les lignes les plus connues : l'*Illinois central* a 63 millions de dette consolidée pour 45 millions de capital-actions; le *Chicago Burlington and Quincy*, 117 pour 76. Comme principales exceptions citons pourtant le *Chicago Milwaukee and Saint-Paul*, le *Chicago and Alton*, qui suivent l'exemple des *trunk lines*. C'est pour les lignes du *Far West* et les lignes transcontinentales que la disproportion peut devenir critique : l'*Atchison*, par exemple, a un capital-obligations double de son capital-actions.

On doit donc faire une distinction profonde entre les lignes de l'est et celles de l'ouest ou du sud des États-Unis, au point de vue de la constitution de leur capital social. C'est là le résultat de la différence de la situation dans laquelle ces compagnies se sont trouvées pour faire appel au crédit. Les premières ont été constituées dans des conditions économiques et financières très analogues à celles qu'on trouve en Europe. Au contraire, les lignes de l'ouest et, dans une moindre mesure, les lignes du sud, construites dans des régions neuves qu'elles ouvraient à la colonisation, furent à l'origine et sont parfois encore des entreprises de pure spéculation, entraînant avec elles de grands risques. Il eût été fort difficile à ces compagnies de se procurer de grosses sommes par l'émission d'actions, alors qu'elles payaient des intérêts variant de 5 à 8 p. 100 à des obligations que d'ailleurs elles ne plaçaient qu'au-dessous du pair; les actions ne pouvaient fournir qu'un appoint aux ressources provenant de l'emprunt. D'autre part, ces actions sont souvent centralisées entre

les mains de quelques grands financiers ou spéculateurs; lorsque des extensions, acquisitions
ou améliorations réclament des ressources nouvelles, ceux-ci, soucieux de conserver leur pouvoir, se gardent bien d'émettre des actions, et
recourent toujours au procédé des emprunts.
Ainsi le système suivi dans l'ouest et dans le
sud a pour résultat de favoriser de plus en plus
l'antagonisme entre les obligataires, représentant
la majorité des fonds versés, et les actionnaires
ou plutôt les maîtres des entreprises, seuls
investis du pouvoir de direction, et abusant
volontiers de ce pouvoir : antagonisme qui,
aggravé par le fait du *Watering*, forme aujour-
d'hui l'une des plaies du régime intérieur des
compagnies américaines.

Qu'est-ce donc que ce fait du *Watering*? Quel
est le caractère intrinsèque, quelle est la valeur
effective du capital social dans les compagnies
de chemins de fer aux États-Unis? Telles sont
les questions auxquelles nous avons à répondre
maintenant.

Dès l'origine des voies ferrées, l'absence de
tout contrôle légal sur le versement des actions,
l'arbitraire des pouvoirs confiés aux administrateurs, favorisèrent en Amérique la naissance

d'un abus qui pendant longtemps constitua un véritable fléau dans l'organisation financière des compagnies : c'est l'émisssion de capitaux fictifs, le *watering* (arrosage ou « coupage » du capital). Personne n'ignore aux États-Unis qu'une grande partie des actions de chemins de fer actuellement en circulation, même parmi celles qui ont aujourd'hui le plus de valeur, n'ont jamais été réellement versées et ne sont que « de l'eau » (*water*). C'est un fait que tout le monde accepte, puisqu'on ne peut rien contre les maîtres des chemins de fer ; en vain les lois ont-elles déclaré nulles ou annuables, suivant les États, les actions fictives (*fictitious stock*). Aujourd'hui le mal semble avoir été enrayé, mais ses conséquences se feront sentir pendant de longues années, et le discrédit que ces fautes originelles ont jeté sur l'ensemble des chemins de fer américains est loin d'avoir disparu.

La majoration du capital-actions provient de deux sources principales : la remise gratuite d'actions, soit aux premiers obligataires, soit à des entrepreneurs, et la distribution d'actions de dividende (*stock dividends*). La concession d'actions d'une compagnie nouvelle aux premiers obligataires, à titre de parts de fondateurs, fut très fréquente dans les compagnies de l'ouest aux premiers temps de la colonisation. C'était une garantie accordée aux prêteurs pour faciliter le placement des valeurs, exigée d'eux souvent comme condition de leur souscription et pour avoir part à la direction de l'entreprise. Beaucoup de compagnies de l'ouest ne touchèrent de la sorte rien ou presque rien sur leurs premières actions ordinaires, et seules les actions de préférence furent réellement versées (*paid in*) par des *bona fide investors*, des souscripteurs sérieux. Tout aussi fréquente fut dans l'ouest la remise d'actions aux entrepreneurs comme majoration du prix de leurs travaux : il nous suffira de rappeler à cette occasion la trop fameuse affaire du *Crédit mobilier* et de l'*Union Pacific*.

La source la plus importante, comme aussi la plus fructueuse, de l'inflation du capital, a été les *stock dividends*, dividendes payés en actions par une compagnie à ses actionnaires. L'usage des actions de dividende est, semble-t-il, spécial aux États-Unis, où il a de tout temps été fort répandu. Il se rattache aux causes diverses d'ordre technique et d'ordre financier qui obligent les compagnies américaines à faire fréquemment appel à des ressources nouvelles. Au lieu d'émettre des actions ou des obligations, il arrive souvent que les compagnies retiennent, pendant un ou plusieurs exercices, la totalité des bénéfices réalisés et distribuables; elles indemnisent ensuite les actionnaires en leur donnant l'équivalent de leurs dividendes en actions (*shares*) ou parts d'actions (*scrip*). Voilà l'origine et le mécanisme du *stock dividend*. La combinaison peut nous paraître singulière, mais dans ces limites l'opération est au fond légitime. C'est comme si une compagnie, ayant régulièrement distribué ses dividendes annuels, émettait des actions nouvelles pour pourvoir aux améliorations nécessaires; c'est un emprunt forcé fait aux actionnaires. Seulement ce système prête à l'abus parce qu'il est difficile à contrôler : en fait, les administrateurs en ont largement usé pour « arroser » les actionnaires — y compris eux-mêmes —, et dans un but de spéculation de bourse pour influencer les cours; ils ont distribué des dividendes-actions souvent énormes sans que ceux-ci fussent légitimés par des bénéfices réels, et ces dividendes figurés sont trop souvent devenus des dividendes fictifs. C'est ainsi que les *stock dividends* ont formé l'une des méthodes les plus répandues de majoration

du capital. L'*Atchison*, par exemple, distribua
en 1883 un dividende-actions de 50 p. 100; le
commodore Vanderbilt fit payer en 1868 et 1869
par le *New-York central and Hudson river*, dont
il venait d'effectuer la *consolidation* [1], un dividende-actions de plus de 100 p. 100. Les meilleures mêmes des compagnies américaines n'ont
pas craint de recourir à ces procédés d'inflation; on peut dès lors imaginer l'extension qu'a
prise le fléau dans des compagnies qui étaient
inférieures à celles-là soit par le degré de prospérité, soit par le niveau de moralité. Il reste en
somme actuellement peu de compagnies qui
puissent prétendre, comme le *Pennsylvania
railroad* ou l'*Alton*, être toujours restées complètement indemnes de *water*.

On se fera maintenant une idée assez exacte
de ce qu'a représenté pendant longtemps le
capital-actions aux yeux d'une grande partie
des *railroad men* en Amérique. Étant donné
que les lignes se construisent en principe avec
le produit des obligations, les actions ne constituent pas des ressources, mais des droits à
la direction et aux profits de l'entreprise : ce

1. Voir p. 235.

sont des bénéfices capitalisés par anticipation.
On envisage le capital social comme représentant
la différence entre la valeur actuelle d'une entreprise et son passif envers les tiers, c'est-à-dire la
speculative value de cette entreprise, et par con-
séquent comme susceptible d'être accru au fur
et à mesure de la hausse de cette valeur sur le
marché.

On a essayé de légitimer le *watering* en disant
qu'il est un moyen de dissimuler des bénéfices
parfois considérables pour décourager la concurrence. Par exemple, un dividende de 10 p. 100
sur un capital de 20 millions de dollars n'est
plus qu'un dividende de 5 p. 100 sur un capital
fictivement doublé. Le *watering* aurait de
même l'avantage de permettre aux compagnies
de réclamer aux commissions locales de contrôle des tarifs maximums plus élevés. Ces
arguments ne nous semblent vraiment pas
sérieux, et ne paraissent devoir tromper personne. L'histoire du *West Shore* et celle du
Nickel Plate sont là pour montrer que, dans
une compagnie quelconque, le fait du *watering*,
si grand qu'il soit, ne suffit pas pour empêcher
les spéculateurs de construire des lignes parallèles ; il attirerait plutôt la concurrence par la

supériorité que possède une compagnie nouvelle sur une compagnie encombrée de charges
excessives (*overcapitalized*). Quant aux commissions locales de contrôle, elles ne se laissent
évidemment pas émouvoir par les récrimina-
tions d'une compagnie *watered* contre des tarifs
maximums réputés insuffisants, en quoi elles
ont parfaitement raison.. Chargées de fixer
des tarifs « justes et raisonnables », elles doivent se baser dans leurs appréciations sur les
besoins des compagnies honnêtement constituées, et abandonner les autres à leurs risques
et périls. Enfin les défenseurs des compagnies
dans leur procès devant l'opinion n'ont-ils pas
mauvaise grâce à venir formuler après coup la
défense de procédés qui sont si évidemment inspirés par l'intérêt personnel et l'esprit de spéculation, en invoquant des excuses aussi naïve-
ment dénuées de scrupules?

C'est un jugement fort délicat que d'apprécier
la proportion de capital fictif que comprend
aujourd'hui l'ensemble des compagnies américaines, et d'estimer la valeur actuelle de ces
entreprises par rapport au capital total qu'elles
ont émis. Depuis une dizaine d'années, le *watering*
est devenu d'une application rare; ses dangers

ont été mis en relief par nombre de désastres retentissants, et l'opinion publique s'opposerait aujourd'hui sans doute au retour des fraudes si manifestes qui signalèrent le régime passé. Pour *water* un *stock*, il faut recourir maintenant à des procédés détournés, dont l'invention n'est pas d'ailleurs sans faire honneur à l'imagination de leurs auteurs. Mais le passé a légué au présent un excédent de capital fictif, dont l'évaluation a donné lieu aux États-Unis à des controverses nombreuses. En 1884, M. Poor, auteur du *Manual of Railroads*, soutenait que par suite des émissions illégitimes de valeurs de chemins de fer, le capital effectivement versé (*cash investment*) des compagnies ne représentait guère plus du total de leur dette consolidée et de leur dette flottante; dans ce montant de *water*, M. Poor comprenait l'ensemble des primes sur les obligations émises au-dessous du pair. L'estimation de M. Poor ne paraît plus être en rapport avec l'état actuel des choses. D'une part, elle néglige de faire ressortir un double emploi, à savoir le montant des titres de compagnies subsidiaires tenus en portefeuille par les compagnies principales, soit, d'après la statistique officielle, une somme de 891 millions de dollars. En second lieu, elle ne tient pas compte de la quantité considérable de titres que les faillites et les réorganisations ont depuis vingt ans fait disparaître de la circulation. L'excédent de capital se liquide, se fond ainsi peu à peu, semble-t-il, sous l'influence des conséquences mêmes du *watering*, et, sans vouloir prétendre à une exactitude statistique rigoureuse, on pourrait peut-être évaluer ce qui reste actuellement d'actions non versées dans le capital social des compagnies américaines, à une proportion variant de la moitié aux trois quarts de ce capital.

Est-ce à dire que cette proportion de *watered stock* actuellement subsistante ne représente aucune espèce de valeur réelle? Loin de là. Deux causes ont contribué à donner, dans certains cas, à ce qui n'était à l'origine que « du papier », une certaine valeur, parfois une valeur énorme. C'est d'abord la ligne de conduite suivie par la plupart des bonnes compagnies américaines, consistant à prélever chaque année sur leurs bénéfices des sommes considérables destinées aux améliorations de lignes, aux acquisitions de matériel roulant, etc. Pour ne citer qu'un exemple, le *Pennsylvania railroad* a ainsi payé

9.

en 1892 sur le compte de l'exploitation une somme de neuf millions et demi de francs pour l'achat de wagons selon ses contrats de *car trusts* [1]. D'autre part, il faut tenir compte de l'accroissement naturel de la valeur de certaines lignes en même temps que de la force productrice de ces entreprises, par suite du développement progressif du pays, de la richesse et de la colonisation. Pour bien des compagnies, le capital autrefois fictif est ainsi devenu réel : il s'est légitimé. Au contraire, l'excès de *water* est encore une lourde charge pour d'autres entreprises, dont la valeur réelle ne s'est pas montée au niveau de leur *capitalization*. Celles-là sont d'avance condamnées à vivre au jour le jour, arrêtées dans leur développement par le fardeau excessif qu'elles traînent, ou destinées à passer par une série de réorganisations jusqu'à ce qu'une proportion normale se rétablisse entre leur capital et leur productivité.

CAPITAL-OBLIGATIONS

Les compagnies de chemins de fer aux États-Unis suivent, dans la constitution de leur capital-

1. Voir p. 114.

obligations, une ligne de conduite très différente
de celles dont nous trouvons les exemples en
France et dans les autres pays européens. Leur
système se distingue à première vue par les
deux traits principaux suivants. D'abord, au lieu
d'un seul modèle, on trouve en Amérique toute
une série de types d'emprunts spéciaux plus ou
moins répandus, et la plupart des compagnies
ont ainsi leur dette fractionnée en un certain
nombre de fonds séparés et indépendants. En
cela, elles ont d'abord subi les exigences du
marché des capitaux ; puis elles se sont soumises aux conditions que leur imposaient et leur
système de construction et la formation hétérogène de leur réseau. En second lieu, chacun
des emprunts est en principe gagé sur des
sûretés particulières : le crédit n'est pas personnel, mais réel ; la dette de chaque compagnie
est spécialisée en même temps que fractionnée.
Nous trouvons ici la conséquence des excès du
watering, des abus de la spéculation, des dangers
inhérents aux entreprises de chemins de fer
en Amérique : le capitaliste ne prête pas à une
compagnie sans des garanties spéciales qui le
protègent, autant que faire se peut, contre les
fraudes du dedans et les risques du dehors.

Ainsi la situation générale d'une entreprise et la valeur d'un emprunt sont choses distinctes, celle-là se mesurant au cours des actions, celle-ci ne représentant autre chose que la valeur spéciale d'un gage donné. Tels sont les deux caractères dominants qui apparaissent dans la constitution du capital-obligations des compagnies américaines. L'un et l'autre répondent si bien aux nécessités du crédit, et ont pris des racines si profondes dans les habitudes de la nation, qu'il semble impossible de prévoir leur disparition même à longue échéance. Nous devons passer en revue les diverses espèces d'emprunts en usage aux États-Unis.

1° *Emprunts hypothécaires.* — L'emprunt hypothécaire est la base du capital-obligations dans les compagnies américaines : à lui seul, il représente 85 p. 100 de la dette totale des chemins de fer. Il comprend lui-même plusieurs espèces d'emprunts, qui peuvent se superposer ou se juxtaposer les unes aux autres.

D'une manière générale, voici le mode d'application de l'hypothèque à un emprunt de chemins de fer aux États-Unis. Propriétaire perpétuelle de son réseau, la compagnie qui émet l'emprunt transfère virtuellement au *trustee* de cet emprunt, dépositaire légal, les propriétés qu'elle affecte à la garantie des prêteurs, et constate cette affectation dans un acte d'hypothèque passé en forme d'acte de *trust* (*trust deed*) qui est remis au *trustee* pour faire foi. Le *trustee*, représentant-né des obligataires, certifiera alors au dos de chaque obligation que ledit titre jouit bien réellement des droits hypothécaires conférés en bloc par le *trust deed*; conformément aux dispositions de cet acte, il veillera ensuite à la conservation des propriétés hypothéquées et, au cas de non-paiement, exercera les poursuites ou prendra toute autre mesure légale que les obligataires lui dicteront. Le *trustee* est choisi par la compagnie elle-même; c'est soit une personne vivante, soit un groupe de personnes — longtemps les compagnies eurent la fâcheuse habitude de nommer *trustees* leurs propres administrateurs, — soit le plus souvent aujourd'hui une personne morale, une *trust company*[1].

---

1. Les compagnies américaines de *trust* sont des banques de dépôt spéciales, qui s'adonnent à l'exécution des contrats de *trust*, c'est-à-dire des fidéicommis, dont l'usage a pris chez les peuples anglo-saxons un développement inconnu chez nous. Elles jouent le rôle de caisses des dépôts et consignations; de plus elles sont agents d'affaires, exécuteurs testamentaires, agents financiers ou de transfert pour les grandes compagnies, administrateurs judiciaires, etc.

Le type primordial de l'emprunt hypothécaire, c'est celui dont la garantie porte sur une ligne donnée ou une section de ligne, sans affecter l'ensemble du réseau de la compagnie : c'est le *special* ou *division mortgage*. Souvent la ligne donnée en hypothèque est à construire ; c'est ce qui arrive en général pour l'*extension mortgage*, auquel cas le *trustee* jouit ordinairement d'un droit de contrôle sur la construction ; parfois l'hypothèque porte sur un pont, sur une gare (*terminal mortgage*), ou sur des immeubles appartenant à la compagnie (*real estate mortgage*). Ainsi tout le réseau américain a été peu à peu hypothéqué par portions, par sections, et ce sont ces emprunts originaires qui ont fourni la plus grande partie des fonds nécessaires aux travaux de première construction des lignes ; les taux d'intérêt payés étaient en général de 5 à 8 p. 100 l'an, et la durée des emprunts variait de 20 à 50 ans.

Avec la formation des grands réseaux, et à mesure du développement du trafic, des besoins nouveaux apparurent qui donnèrent naissance à d'autres types d'emprunts hypothécaires, le *consolidated mortgage*, le *general mortgage*, l'*unified mortgage*. Tous ces emprunts ont le même but :

pourvoir d'avance à l'unification de la dette et au remboursement à l'échéance des premiers emprunts spéciaux, remplacer ceux-ci par une dette portant un intérêt moindre, 4 p. 100 en général, en profitant de l'amélioration du crédit, et fournir enfin aux compagnies des ressources nouvelles pour satisfaire aux exigences croissantes des affaires. Notons toutefois que l'unification de la dette ne se réalise jamais complètement dans les compagnies américaines, qui ne cessent d'agrandir leur réseau par voie de construction ou d'acquisition; un emprunt dit général marque seulement une étape dans leur histoire, un temps d'arrêt dans leur progrès. Le *general mortgage* embrasse d'ordinaire tous les biens meubles ou immeubles appartenant à la compagnie, exception faite pour ceux qui ne concernent pas directement l'exploitation même du chemin de fer, comme les hôtels par exemple; il comprend le matériel roulant, parfois même les biens à venir. L'hypothèque peut encore être constituée sur les « franchises » ou « privilèges » de la compagnie, ou encore, comme en Angleterre, sur l'entreprise (*undertaking.*) *General* ou *consol-dated*, l'emprunt d'unification ne prend d'ailleurs rang qu'après les emprunts spéciaux qu'il a pour but de rembourser, et aux droits desquels il est subrogé après ce remboursement. L'acte de *mortgage* dispose, dès l'époque de l'émission, que la quantité de titres nécessaire au rachat à l'échéance de chacun de ces emprunts antérieurs sera réservée pour être affectée à cet usage, et émise aux époques prévues; l'emploi du restant est lui-même déterminé strictement à l'avance. Enfin l'emprunt d'unification n'est, comme l'emprunt spécial, jamais perpétuel aux États-Unis[1]; sa durée est d'ordinaire de 40 ou 50 ans, parfois de 60 ou 75 ans. Quelques compagnies, après avoir traversé des épreuves difficiles, ou bien voulant profiter d'une période de prospérité passagère, ont émis des *general mortgage loans* d'une durée de 100 ans, de manière à assurer l'avenir et à obtenir des prêteurs des conditions d'intérêt plus douces; mais le fait n'est pas très fréquent. D'ailleurs, selon le principe américain, ces emprunts, quels qu'ils soient, ne peuvent être remboursés avant l'échéance, sauf disposition contraire dans l'acte d'hypothèque.

En ce qui concerne l'ordre de priorité des

---

1. L'emprunt de première hypothèque du *West Shore* a une durée de 476 ans : c'est l'un des plus longs qui existent.

obligations, on trouve fréquemment soit dans les emprunts spéciaux, soit dans les emprunts généraux, à côté d'une première hypothèque, une seconde et parfois une troisième hypothèque. Phénomène rare, croyons-nous, même en Amérique, le *New-York Lake Erie and Western* a jusqu'à une quatrième et une cinquième hypothèque pour ses emprunts anciens, emprunts dont le montant est d'ailleurs fort peu élevé par rapport à la valeur totale de l'entreprise. Entre ces emprunts hypothécaires de rangs différents, l'ordre de préférence est absolu, et les droits de priorité infranchissables; les cours font en général bien ressortir ces distinctions, si l'on a soin de tenir compte de la durée de chaque emprunt. En revanche, dans un même fonds garanti par une même hypothèque, tous les titres viennent en concurrence, quelles que soient les dates d'émission des diverses séries : il y a égalité entre tous les porteurs.

Le système des emprunts hypothécaires offre, à notre sens, des avantages de premier ordre dans des entreprises qui, comme les chemins de fer aux États-Unis, peuvent présenter des risques industriels ou financiers parfois fort graves. L'hypothèque, frappant la propriété même d'une ligne, forme une garantie précise, rigoureuse, dont les droits sont nettement déterminés, et qui, bonne, médiocre ou mauvaise, ne peut en aucun cas être retirée au prêteur. La spécialité de la garantie fait que les droits des obligataires ne sauraient être affaiblis par l'acquisition de lignes improductives ou par l'exécution d'opérations étrangères à l'exploitation [1]. L'échelonnement des hypothèques d'ordres différents établit une progression des garanties telle que le risque, concentré dans les emprunts de dernier rang, diminue à mesure que les emprunts se rapprochent de la priorité. Un défaut sur les intérêts survient-il ? Tous les obligataires n'en souffriront pas, mais seulement ceux qui, en connaissance de cause, ont assumé le risque, sachant qu'ils sont exposés au premier choc, et qui reçoivent en conséquence un intérêt proportionné. L'ensemble du système donne aux cours des titres un élément de stabilité ; il favorise le crédit ; l'institution du *trustee* pare en même temps aux difficultés légales qui naîtraient de la dispersion des obligataires. Sans l'hypothèque, le réseau américain ne serait certainement pas

1. Exception faite, dans certains cas, pour les emprunts généraux, *consolidated, unified* ou *general mortgage loans.*

devenu ce qu'il est aujourd'hui. Il faut seulement que cette hypothèque soit constituée d'une façon vraiment sincère et efficace, que l'échelonnement légal des droits successifs soit absolu et inflexible, qu'il ne puisse y avoir dans l'exercice du gage aucune confusion dirimante de pouvoirs distincts. Enfin, un dernier avantage de l'emprunt hypothécaire, c'est la facilité de son calcul. En cherchant le chiffre de l'emprunt par kilomètre, le prêteur peut facilement apprécier si le montant total de l'emprunt est maintenu dans un rapport convenable avec la valeur et la productivité de la ligne, eu égard à l'avenir de la région traversée et au développement possible du trafic. Pour prendre un exemple, on considère souvent que, dans l'ouest américain, la moyenne de 20 000 dollars par mille, soit 62 000 francs par kilomètre, ne doit être dépassée que pour les lignes à fort trafic. La garantie se calcule ainsi d'une façon simple et nette.

2° *Land grant bonds.* — Les *land grant bonds* sont encore des obligations hypothécaires, mais d'une nature spéciale : l'hypothèque frappe ici les terres concédées aux compagnies par l'Union ou par les États, toutefois seulement jusqu'à leur vente aux colons, les produits successifs de ces réalisations étant précisément affectés au rachat des obligations soit au pair, soit avec une prime de 5 ou 10 p. 100. Il y a là un simple escompte de la valeur des concessions. Le plus souvent cette garantie spéciale est annexée à un emprunt hypothécaire ordinaire.

3° *Collateral trust bonds*. — On appelle *collateral trust loan* un emprunt auquel une compagnie donne en gage des titres de valeurs mobilières possédées par elle, obligations hypothécaires en général, parfois aussi actions ordinaires ou de priorité. Ces titres sont déposés chez le *trustee* de l'emprunt, pour garantir le paiement du principal et des intérêts ; au cas de défaut, les obligataires se substituent aux droits représentés par ces valeurs, ou bien font vendre leur gage par le *trustee* comme dans le cas d'un *mortgage* ordinaire. On peut distinguer deux principales applications du *collateral trust* aux emprunts des chemins de fer en Amérique. En premier lieu, ces emprunts peuvent être à long terme, 30 à 60 ans par exemple ; alors ils sont contractés le plus souvent pour l'acquisition de titres de lignes subsidiaires qu'une grande compagnie veut annexer à son réseau par le procédé du « contrôle » ; ces titres mêmes, qu'ils remplacent sur le marché, leur servent de garantie. Le surplus des capitaux ainsi réunis servira à réparer et à perfectionner les lignes nouvelles, qui sont d'ordinaire achetées dans un état de délabrement inouï. Ou bien, c'est le second cas, les *collateral trusts* sont à court terme, et alors, garantis par des valeurs diverses, plus ou moins sûres, que la compagnie se trouve avoir en portefeuille, ils servent à couvrir des besoins momentanés, devant, dit-on, disparaître dans un temps prévu. Souvent ce sont là de simples expédients de compagnies à bout de ressources et glissant vers la faillite ; c'est ainsi que l'*Union Pacific* et le *Northern Pacific* ont récemment mis à l'essai le type des *collateral trusts* à très courte échéance, de trois à cinq ans, lequel ne paraît pas avoir rencontré grand succès.

4° *Equipment notes, equipment bonds*. — Ces valeurs, qui ne figurent pas dans les cotes des bourses américaines, ont ceci de commun qu'elles sont gagées sur le matériel roulant acheté par une compagnie ; elles sont presque toujours amorties dans un court espace de temps. Les chemins de fer, aux États-Unis, ne construisent souvent pas leur matériel roulant eux-mêmes,

10.

et, pour se le procurer, procèdent de l'une des
deux façons suivantes. Ou bien ils s'adressent
directement au fabricant, qu'ils paient au moyen
d'*equipment notes* ou *bonds* remboursables par
annuités dans une période habituelle de dix ans.
Ou bien ils emploient l'intermédiaire d'une *car
trust association*, formée pour la circonstance et
à leur instigation : cette société, à responsabilité
limitée, dont le capital est divisé en parts ou *certificates*, est souvent constituée par l'une des
grandes *trust companies* ou des grandes compagnies d'assurances sur la vie, pour laquelle
l'opération est un placement de fonds sûr et très
avantageux. Elle achète comptant aux construc-
teurs le matériel roulant, et le livre en bloc à la
compagnie de chemins de fer qui doit se libérer
en dix années par le paiement d'annuités dites
series. Un *trustee* prend charge du matériel pour
le compte de l'association, veille à sa conservation et à son entretien, encaisse les annuités et
rembourse au fur et à mesure les *car trust certificates*. Pour la compagnie de chemins de fer,
il n'y a là autre chose qu'un moyen de répartir la
charge de l'acquisition sur les comptes de dix
années. Légalement, le contrat intervenu entre
l'association et la compagnie est une vente, réso-

luble par le non-paiement du prix ; en cas de défaut, l'association revendiquera donc le matériel ; au contraire, une fois la dernière annuité payée, le matériel roulant deviendra *ipso facto* la propriété de la compagnie, et le *trustee* sera déchargé. C'est par ce procédé que trois des *trunk lines*, le *Pennsylvania railroad*, l'*Erie*, et le *Baltimore and Ohio*, se procurent leur matériel roulant.

5° *Debentures*. — Les *debentures* sont des obligations pures et simples, sans gage spécial, émises pour une période de temps généralement courte (10, 20, parfois 30 ans) par des compagnies très puissantes et jouissant d'un crédit très solide, ou au contraire par des compagnies dont le réseau est déjà hypothéqué à son maximum de valeur. Comme rang de préférence, les *debentures* passent après toute dette jouissant de garanties spéciales. Ce type d'emprunt est assez rare aux États-Unis ; on n'y recourt qu'à titre exceptionnel, et en stipulant presque toujours que l'emprunt devra bénéficier de toute hypothèque nouvelle constituée dans l'avenir sur le réseau de la compagnie.

6° *Income bonds*. — Les *income bonds* sont créés en général à titre de transaction entre une

compagnie et ses obligataires impayés. Ces obligations jouissent, sur le produit net de la compagnie, une fois les charges fixes payées, d'un
privilège pour leurs intérêts, mais seulement jusqu'à concurrence des bénéfices réalisés chaque
année. Ces obligations ne diffèrent des actions
privilégiées qu'en ce qu'aucun droit de vote ne
leur est attribué.

7° *Receiver's certificates.* — Lorsqu'une compagnie tombe en faillite et passe aux mains d'un
administrateur judiciaire en attendant la vente
de ses biens ou sa réorganisation, il est de principe aux États-Unis que l'exploitation ne doit pas
en être arrêtée. Aussi les cours de justice auto-
risent-elles d'ordinaire le *receiver* à émettre des
certificates, qui reçoivent en général le bénéfice
de la priorité sur toutes les charges de la compagnie. Ces émissions, qui doivent être expressément approuvées par les cours de justice, ne
peuvent être faites que pour les dépenses nécessaires de l'entretien et de l'exploitation, et leurs
produits ne peuvent être affectés à un autre usage,
sous peine de faire perdre aux *certificates* leur
privilège. L'ordre du juge doit contenir des dispositions formelles pour le remboursement à
l'échéance. Ces *certificates* sont, non pas des

billets à ordre, mais de véritables titres d'emprunt : ils constituent une dette du *receiver* et non de la compagnie.

Essayons maintenant de déterminer d'une manière générale les rapports de préférence qui existent entre les divers éléments de la dette d'une compagnie américaine. Tout d'abord les *receiver's certificates* ont d'ordinaire, là où ils existent, la priorité ; au contraire les *debentures* ou les *income bonds* ne viendront évidemment qu'après tous les autres emprunts ; d'ailleurs ces deux derniers types d'emprunts ne se rencontrent jamais simultanément dans une même compagnie. Les autres groupes constitutifs de la dette ont tous leurs garanties spéciales. Pour les *collateral trusts*, cette garantie porte sur les intérêts comme sur le principal. Pour les emprunts hypothécaires, elle ne concerne légalement que le capital, mais en fait devra s'appliquer aussi aux intérêts, puisqu'une compagnie, lésant par exemple une première hypothèque au profit d'une seconde, ou un *mortgage* au profit d'un *collateral trust*, verrait les créanciers lésés saisir immédiatement leur gage. Chaque groupe d'emprunts a ainsi son recours sur les sûretés particulières qui le couvrent ; entre ces divers groupes, il ne saurait être question de préférence, et il y a seulement spécialisation, tandis que dans le groupe des *mortgages* par exemple, si une même ligne sert de garantie à plusieurs emprunts hypothécaires successifs, il y aura entre ces emprunts préférence selon l'ordre des hypothèques. Si maintenant le produit net d'un exercice ne parvient pas à satisfaire aux charges de tous les emprunts garantis d'une manière spéciale, celui des éléments de la dette dont le gage est insuffisant verra ses intérêts impayés, et les obligataires pourront alors recourir à l'un des moyens d'exécution que la loi leur donne. Résumons en disant qu'il y a préférence entre les hypothèques de rangs différents, et spécialité de garantie entre les diverses natures d'emprunts dans chaque compagnie.

CARACTÈRES GÉNÉRAUX
DE LA GESTION FINANCIÈRE DES COMPAGNIES

Le trait dominant qui caractérise la gestion des chemins de fer américains, c'est l'irresponsabilité et l'omnipotence du pouvoir dirigeant dans chaque compagnie. Nous avons vu qu'en Amérique, surtout dans l'ouest, les obligataires ont fourni la plus grande partie des capitaux nécessaires à la construction des lignes ; par le fait du *watering*, les actions ne représentent souvent aucun versement réel, et viennent seulement récolter le surplus de bénéfices qu'elles ont escompté d'avance. En outre, c'est un fait très fréquent de voir qu'un financier ou un groupe de financiers unis détiennent une majorité d'actions dans une affaire dont ils possèdent alors le « contrôle ». Ainsi, d'une manière générale, on peut dire que ceux qui dirigent les compagnies ne sont pas ceux qui ont versé les fonds ; ceux qui ont le pouvoir ne sont pas les véritables intéressés, et souvent quelques *bosses* ambitieux, hardis, *dashing*, font de l'entreprise leur chose, et s'en servent comme d'un moyen pour faire leur carrière et leur fortune. D'autre part, les usages mêmes du pays donnent aux administrateurs des sociétés par actions les pouvoirs les plus larges dans la gestion des entreprises ; ils ont compétence pour déclarer les dividendes, souvent pour émettre un emprunt, parfois pour accroître le capital social ; ils peuvent prendre à bail des lignes subsidiaires, en acquérir la propriété, ou même louer leur réseau à une autre compagnie. Les actionnaires, doués d'une insouciance surprenante qui est le meilleur aveu de leur impuissance, n'exercent en règle générale aucune espèce d'influence sur la direction des affaires, et sont tenus systématiquement à l'écart de toutes les questions importantes. L'arbitraire chez ceux qui administrent, l'absence de contrôle de la part des véritables intéressés, voilà donc l'élément de contradiction qu'on trouve à la base de la gestion des compagnies américaines, voilà l'antinomie qui prête à tant de critiques et qui a ouvert la porte à tant d'abus.

Loin de nous la pensée de laisser croire que toutes les compagnies de chemins de fer sont, aux États-Unis, mal ou malhonnêtement dirigées. C'est là une opinion qui a généralement cours à Londres, et elle s'explique assez bien au souvenir des capitaux énormes que les Anglais ont perdus dans l'*Erie*, par exemple, dans l'*Union Pacific* ou dans le *Reading*, comme les Allemands dans le *Northern Pacific*, par des placements irréfléchis et des spéculations imprudentes. La vie économique des États-Unis, la condition des affaires, le régime de l'industrie des transports, sont, dans ce pays où le réseau ferré est encore dans sa période de croissance,

très différents de ce que nous connaissons en
Europe, et comportent en eux-mêmes plus de
risque et d'incertitude. Mais la gestion des compagnies ne saurait être condamnée en bloc et
sans appel. Il y a en Amérique nombre de chemins de fer dont l'administration présente est
un modèle de probité, d'intelligence et d'habileté supérieure; seulement il y a entre les compagnies plus de diversité qu'ailleurs, et il est
plus délicat de faire entre elles la distinction ou,
comme on dit là-bas, la *discrimination*.

L'un des caractères qui frappent le plus dans
la gestion des entreprises de chemins de fer aux
États-Unis, c'est la ligne de conduite hasardeuse
et aventureuse suivie par beaucoup de compagnies dans l'agrandissement progressif de leur
réseau. Depuis une trentaine d'années, la construction des lignes nouvelles et la formation des
grandes compagnies n'ont cessé de marcher
d'un pas également rapide, et aujourd'hui même
le réseau de l'Union est loin d'avoir atteint son
développement normal et sa constitution de
maturité. En présence de ce double mouvement, il est très difficile à une compagnie un
peu importante de ne pas chercher à s'agrandir,
selon la tendance générale, dans la crainte de

11

se laisser absorber elle-même par des compagnies plus audacieuses. Extensions et annexions de lignes ont été de tout temps quelque chose comme un mal nécessaire pour les compagnies américaines; seulement tandis que les unes se sont soumises à ce régime avec mesure, suivant un *conservative plan*, d'autres, dirigées par des spéculateurs ambitieux, ont risqué toute leur fortune dans des parties qu'elles ont plus souvent perdues que gagnées.

Tout d'abord, l'histoire des chemins de fer américains est pleine du souvenir de ces grandes luttes financières livrées entre deux *railroad kings* pour la propriété d'une ligne ou d'un réseau, duels à coups de millions où souvent l'une des compagnies tombait au pouvoir de l'autre, mais où la fortune et l'honneur des deux étaient presque toujours endommagés. En 1865, par exemple, se livrèrent les fameuses batailles entre Cornélius Vanderbilt et la compagnie de l'*Erie* : le commodore voulait rééditer les *corners* [1] qui lui avaient si bien réussi pour son *Harlem* et son *Hudson river railroad*, et le président de l'*Erie* échappait sans cesse à

---

1. Voir p. 236.

l'étreinte qui se resserrait sur lui, en émettant illégalement des actions nouvelles [1]. D'autres fois, c'est par une campagne de réductions de tarifs habilement menée qu'une compagnie cherchait à réduire une rivale en servitude. Ces coups de main constituaient parfois une nécessité de fait, résultat regrettable de l'excès de la concurrence ; ainsi le *Lake shore* était, en 1884, matériellement obligé d'acheter le *Nickel Plate*, s'il ne voulait voir tarir la source même de ses bénéfices. Mais le plus souvent, ces guerres de surprises n'étaient qu'une forme particulière de la spéculation, aujourd'hui moins active et beaucoup moins facile à pratiquer qu'autrefois.

En second lieu, c'est un défaut très commun chez les compagnies, surtout dans l'ouest, que d'étendre leur réseau trop rapidement, à la légère et sans prudence. Combien n'a-t-on pas vu de compagnies prospères et puissantes se mettre un beau jour à construire ou à acheter des lignes nouvelles, qui, mal choisies ou trop nombreuses, ont absorbé peu à peu les anciens bénéfices et entraîné la ruine de l'entreprise entière ! L'histoire de l'*Atchison* est le meilleur exemple

---

1. Van Oss, *American railroads as investments*, p. 223.

qu'on puisse donner de cette expérience trop souvent faite : en 1880, l'*Atchison* exploitait un réseau de 1371 milles et distribuait à ses actionnaires un dividende de 8 1/2 p. 100; en 1893, le système s'élevait à 7480 milles (non compris le *Saint-Louis and San Francisco*), et, après avoir subi déjà une première réorganisation, tombait définitivement aux mains des *receivers*. Il faut, dans l'ouest américain, une prévoyance et une habileté exceptionnelles pour qu'une compagnie puisse construire ou acheter un grand nombre de lignes subsidiaires sans péril. Le *Chicago and Northwestern*, le *Chicago Burlington and Quincy* y ont réussi, mais non sans voir sensiblement diminuer leurs dividendes annuels; d'autre part, une compagnie comme le *Chicago and Alton*, que sa situation de *trunk line* entre Chicago et Saint-Louis a jusqu'à présent dispensée d'agrandir beaucoup son réseau, n'a pas cessé depuis 1880 de payer des dividendes réguliers de 8 p. 100 l'an. A l'heure actuelle, il n'y a pas, croyons-nous, de plus grave danger pour les chemins de fer aux États-Unis que la « politique » de l'extension à outrance; bien des compagnies s'y adonnent, mais on les voit toutes en porter la peine tôt ou tard; c'est ce qui rend singulièrement instable la position financière d'un grand nombre de réseaux dans l'ouest américain.

L'autocratie de gestion et l'absence de contrôle ont donné naissance, dès les premiers temps de l'histoire des chemins de fer, à l'un des fléaux les plus redoutables du régime intérieur des compagnies américaines, la pratique fréquente d'une spéculation éhontée de la part des administrateurs. D'une manière générale, on peut dire qu'aux États-Unis la spéculation atteint un degré d'intensité dont elle ne se rapproche en aucun autre pays, bien qu'elle se soit notablement apaisée depuis vingt ans ; nulle part, encore à l'heure actuelle, le marché des capitaux n'est plus actif que dans *Wall Street*, nulle part les fluctuations du crédit ne sont plus sensibles. Les mœurs financières américaines, peu sévères en principe, ont longtemps réservé toute leur indulgence pour les habiles *manipulations* de valeurs mobilières et les brillants coups réalisés à la Bourse ; on regardait peu aux moyens employés. Les administrateurs des chemins de fer se sont vus de tout temps fort bien placés pour profiter des avantages de leur situation, pour se rendre maîtres du marché d'une valeur

11.

(*to control the market*) et pour se servir adroitement des oscillations qu'ils imprimaient eux-mêmes aux cours. Lorsqu'une affaire ne « payait » pas, ils trouvaient là leur compensation : l'entreprise devenait un instrument inconscient dans les combinaisons personnelles des financiers qui la dirigeaient, et ses valeurs tombaient au rang de *playballs in Wall Street* [1]. Longtemps ce régime n'eut rien que de normal de la part des *railroad men*, et c'est lui qui a rendu célèbres les noms de Drew, de Fisk, de Gould, et de tous les grands *operators* du temps passé. Le procédé de Daniel Drew consistait à faire hausser ou baisser les cours des actions de l'*Erie* en se servant de la dette flottante de cette compagnie, dette qu'il avait presque tout entière entre les mains [2]. D'autres utilisaient, pour influencer les cours, les déclarations de dividendes, les guerres de tarifs ou la conclusion d'associations de trafic, les émissions de *stock dividends*. Un jour, le successeur de Drew dans l'administration de l'*Erie*, restituant publiquement à la compagnie neuf millions de titres à elle appartenant, réalisa, par la hausse qu'il détermina ainsi dans les

1. « Ballons de bourse. »
2. Van Oss, *American railroads as investments*, p. 222.

valeurs de l'*Erie*, un bénéfice supérieur à la somme qui faisait l'objet de la restitution ; le fait est conté par M. Hudson[1]. Ces exemples pris au hasard sont de notoriété publique aux États-Unis. Parfois la spéculation portait sur l'acquisition ou la location d'une ligne subsidiaire ou rivale. L'un des *railroad kings* du sud-ouest s'est fait ainsi une réputation dans l'art de louer une ligne, de la saigner à blanc avant de s'en débarrasser[2], ou bien au contraire de la déprécier fictivement pour l'acheter ensuite. D'ailleurs les contrats d'achat ou de prise à bail se sont souvent trouvés liés à des manœuvres de corruption véritablement inouïes. L'un des exemples les plus connus de ces gigantesques escroqueries, opérées par des administrateurs personnellement intéressés dans les affaires qu'ils avaient à conclure, c'est le bail de l'*Atlantic and Great Western* (aujourd'hui *New-York Pennsylvania and Ohio*) à la compagnie de l'*Erie* en 1868, plusieurs fois annulé et rétabli dans les années suivantes. Devant le juge Jenkins, à Milwaukee, il était constaté récemment, à propos des affaires du *Northern Pacific*, qu'un syndicat

1. *The railways and the republic,* p. 288.
2. « *To lease, to milk and to drop.* »

composé principalement d'administrateurs de la compagnie, et comprenant en particulier un financier d'origine allemande, avait réalisé jadis un bénéfice de dix millions de dollars dans les contrats passés par la compagnie avec deux petites lignes subsidiaires du Manitoba et du Montana.

A l'heure actuelle, ces fraudes et ces spéculations sont loin d'avoir complètement disparu, mais les unes et les autres ont du moins beaucoup diminué. Leur domaine d'application s'est restreint à mesure que s'élevait le niveau moral dans l'administration des entreprises industrielles ou financières. On entend encore parler de *swindles*; il y a encore bien des lignes dont la gestion est taxée de spéculation ; mais le cercle des compagnies contaminées se rétrécit peu à peu, la différence s'accentue entre les bons et les mauvais *managements*, et le public est mieux placé maintenant pour faire la distinction. On en trouve la preuve dans les cotes de la Bourse : une valeur dite *speculative* est toujours dépréciée.

Amortissement. — Cherchons maintenant comment les compagnies de chemins de fer aux États-Unis ont résolu la question de l'amortissement de leur capital-obligations. Les compagnies ont des chartes de concession perpétuelles : l'amortissement de leurs emprunts n'est donc, pas plus que celui de leurs actions, une nécessité légale, et, par exemple, on voit qu'en Grande-Bretagne les chemins de fer n'amortissent pas leur dette. Un grand nombre de compagnies américaines, surtout dans l'ouest, imitent cet exemple, si peu recommandable qu'il soit. La faute en est d'abord à l'état embarrassé de leurs finances, qui les force à vivre au jour le jour, puis au système spécial de la construction qui, les obligeant à accroître sans cesse leur capital d'établissement, les ferait emprunter d'une main ce qu'elles pourraient amortir de l'autre. Mais la plupart des bonnes compagnies suivent aujourd'hui une ligne de conduite plus sage. Tout d'abord, elles amortissent d'ordinaire leur matériel roulant dans une période de temps très courte, dix années en général, donnant ainsi un exemple qu'il n'est pas inutile de signaler aux compagnies européennes ; il faut dire d'ailleurs que ce matériel a, aux États-Unis, une durée moyenne un peu moins longue qu'en France, variant à peu près de 15 à 20 ans. En second lieu, ces compagnies ont conçu la nécessité de réduire leur capital-

obligations pour les deux raisons ci-après.
D'une part, malgré l'augmentation progressive
et naturelle de la valeur de leurs entreprises;
elles doivent prévoir dans l'avenir les abaissements de tarifs, les concurrences nouvelles, les
inventions techniques, les applications toujours
croissantes de la traction électrique par exemple,
qui seraient susceptibles de venir diminuer cette
valeur; elles doivent donc réduire peu à peu
leur dette et leurs charges fixes pour les tenir à
toute époque en rapport avec leur minimum de
productivité. D'autre part, il faut préparer les
moyens de rembourser les emprunts, qui sont
contractés, comme nous l'avons vu, pour une
période fixe, et dont le capital est payable en
bloc à l'expiration de cette période. Pour les
emprunts de faible montant, les fonds en sont
parfois simplement imputés à l'échéance sur les
bénéfices de l'année. Mais le remplacement des
autres, fût-il prévu par un *general* ou *consolidated
mortgage loan*, peut être fort difficile, impossible
même, dans les époques de crise. Il est vrai que,
grâce à la spécialité de la dette, le montant de
chacun de ces emprunts, dont les dates d'échéance
sont soigneusement espacées, n'est souvent pas
très considérable. Il est vrai encore que les

bonnes compagnies ont généralement en porte-feuille un certain nombre de titres de lignes subsidiaires, valeurs sûres dont elles pourraient faire usage pour gager un emprunt à court terme en cas de nécessité. Néanmoins, dans la crise financière qui a signalé les années 1893 et 1894, on a pu voir que beaucoup de compagnies ont contracté des dettes flottantes pour satisfaire au remboursement d'emprunts venus à échéance, et c'est là un danger sérieux contre lequel il faut se prémunir dans la mesure du possible.

On voit donc dans quel ordre d'idées les compagnies américaines — j'entends les meilleures d'entre elles — comprennent et pratiquent l'amortissement. Cet amortissement progressif ne représente pas pour elles une obligation rigoureuse, absolue, à remplir dans un espace de temps fixe et immuable ; mais la réduction de leur dette est une simple disposition de prévoyance, dont l'application même reste une question de mesure.

Le procédé de la caisse d'amortissement est encore aujourd'hui le seul en usage aux États-Unis ; l'amortissement par annuités, tableaux et tirages, ne s'y rencontre jamais. Voici comment se règle, en général, l'amortissement d'un emprunt. Dans l'acte même de constitution d'hypo-

thèque ou *trust deed*, la compagnie s'engage à
mettre de côté chaque année, sur les bénéfices
de l'exploitation, une certaine somme, souvent fixée à 1 p. 100 du capital de l'emprunt,
pour former un fonds d'amortissement ou *sinking fund*. L'emploi de cette annuité, confiée souvent à un *trustee*, peut être déterminé de diverses
façons. Ou bien les fonds en sont placés en
valeurs mobilières dont le choix est en général
limité d'avance. Ou bien ils servent à racheter
sur le marché, au cours du jour, au-dessous d'un
maximum fixé soit au pair, soit au cours de 105
ou 110, suivant les cas, les titres mêmes de
l'emprunt doté du *sinking fund*. Les cours des
obligations rendent-ils le rachat impossible ? Alors
les fonds sont placés, comme dans le premier
cas, jusqu'à ce que le rachat puisse reprendre ;
parfois, mais rarement, il y a dans ce cas lieu
à tirage. Les titres rachetés sont d'ordinaire
annulés immédiatement ; quelques compagnies
pourtant les laissent *alive*, « vivants », et les
gardent en caisse. De point en point, nous retrou-
vons ici le procédé d'amortissement appliqué par
le gouvernement de la Restauration à nos rentes
françaises en 1825.

Les compagnies américaines qui pratiquent le

plus l'amortissement sont loin d'avoir un *sinking fund* pour chacun des éléments de leur dette. En général, les plus prudentes font porter l'amortissement sur les *consolidated* ou *general mortgage loans*, qui sont les plus gros par leur chiffre. Souvent aussi, lorsqu'un emprunt est fait à court terme pour une somme un peu importante, on le dote d'un fonds d'amortissement. Beaucoup de bonnes compagnies n'ont d'ailleurs de fonds d'amortissement que pour un ou deux de leurs emprunts. D'autres enfin, surtout parmi celles dont la situation est moins brillante, cherchent à se mettre au niveau des autres en créant des *sinking funds* pour leurs dettes nouvelles, mais les dotent d'annuités dérisoires qui ne chargent pas les comptes d'exploitation et peuvent faire illusion au public.

Ainsi le procédé appliqué aux États-Unis n'a rien de commun avec l'amortissement rigoureux tel que nous l'entendons en France, ayant pour résultat de reconstituer un capital donné dans un temps donné. Ce que les compagnies américaines cherchent, c'est à réduire dans une certaine mesure le montant de certains emprunts, pour en faciliter le remboursement ou le renouvellement à l'échéance, et pour diminuer peu à

peu en même temps leur capital et leurs charges
fixes; il n'y a pas là un amortissement proprement dit, mais une simple mesure de provision, un
gage de sécurité pour l'avenir. L'amortissement
strict et absolu de tous les emprunts dans une
période fixe, serait pour les compagnies un fardeau très lourd : elles préfèrent niveler les
charges et les bénéfices présents et à venir, et
faire profiter dès maintenant l'industrie et le
commerce de tarifs de transport plus réduits.

D'autre part, dans les limites mêmes où les
chemins de fer des États-Unis pratiquent leur
amortissement, on peut se demander si la
méthode du *sinking fund* est mieux appropriée
aux besoins que ne le serait un amortissement
par tableaux et tirages. D'une manière générale,
le capitaliste américain n'aime pas les tirages,
qui empêchent la hausse des valeurs; il est
habitué au paiement global à époque fixe, et
n'admet pas en principe que le remboursement
soit imposé avant terme aux obligataires. Tel
qu'il fonctionne, le procédé du *sinking fund*
favorise le crédit des compagnies en faisant
monter les cours de leurs titres par les rachats
sur le marché; il réduit progressivement la
charge des intérêts. Mais quand les valeurs

dotées du fonds d'amortissement ont dépassé le
pair, le système perd beaucoup de ses avantages,
sans compter qu'il est dangereux de mettre une
compagnie en possession d'une quantité souvent
considérable de titres, qui, s'accumulant peu à
peu, constituent une tentation permanente à la
spéculation. Les compagnies auraient, semble-
t-il, grand intérêt à essayer d'appliquer, dans la
mesure du possible, aux emprunts qu'elles veulent amortir, le procédé européen de l'annuité
comprenant intérêt et amortissement, procédé
qui, peu coûteux pour les emprunts à long terme,
fonctionne d'une façon absolument précise et
rigoureuse.

« *Betterments.* » — L'une des questions les plus
délicates à étudier dans la gestion des compagnies
américaines, c'est la question des *betterments* ou
improvements[1], c'est-à-dire des améliorations et
additions à apporter au premier établissement en
cours d'exploitation. Nous avons vu qu'en raison
de la méthode spéciale de construction provisoire
et de perfectionnement progressif suivie en Amérique, ces *betterments* constituent pour les com-

---

1. Voir le récent ouvrage de M. Van Oss, *American railroads
and british investors*, dont un important chapitre est consacré
à la question des *betterments* et des actions de dividende.

pagnies une obligation absolue, périodique,
normale : il est donc essentiel de pourvoir
d'avance aux voies et moyens nécessaires. Le
plus souvent, c'est par la vente de *consolidated*
ou de *general mortgage bonds*, et dans quelques
grandes compagnies de l'est, par l'émission
d'actions, qu'on satisfait à ces exigences financières, nées du développement du trafic. On
doit d'ailleurs remarquer qu'aux États-Unis les
compagnies prospères consacrent annuellement,
sur leur compte d'exploitation, des sommes
importantes aux dépenses d'établissement : acquisition de matériel roulant, rectification de
tracés, surélévation de voies dans la traversée des
villes, etc. Le cercle des dépenses dites d'exploitation est beaucoup plus large que chez nous.
D'autres compagnies recourent parfois à la pratique des *stock dividends*, dont nous avons eu
déjà l'occasion de dire un mot. Lorsque les
charges des *betterments* sont particulièrement
lourdes pour un exercice, elles y affectent la
totalité des bénéfices de l'exploitation, et désinté-
ressent ensuite les actionnaires en leur distri-
buant, en actions ou parts d'actions, le montant
du dividende qu'ils auraient dû toucher. Les
avantages et les inconvénients de cette capitali-

sation des bénéfices sont fort discutés. Lorsque
les actions de dividende sont distribuées régulièrement à la fin de l'exercice, l'opération peut
se justifier, et on l'accepte d'ordinaire sans
récrimination. En effet, elle permet à la compagnie de faire usage des fonds au fur et à
mesure de la réalisation des bénéfices, et lui
évite les frais d'une émission d'actions; d'autre
part, l'actionnaire peut retrouver aisément la
disponibilité de son argent en vendant le titre
distribué; enfin on lui fait le plus souvent un
petit avantage en calculant le capital de l'action
un peu au-dessous du cours normal, ou bien au
pair si les cours ont dépassé le pair. Mais il
arrive parfois qu'une compagnie emploie ainsi
la totalité de ses bénéfices pendant plusieurs
années consécutives, et ne distribue à ses actionnaires les titres représentatifs des dividendes
annuels qu'en bloc, après trois ou quatre exercices
passés. Alors la pratique du *stock dividend* devient
excessivement dangereuse parce que le public,
et souvent les administrateurs, s'en font une
arme de spéculation à la bourse; il est évidemment de première nécessité d'égaliser les charges
en les répartissant proportionnellement sur chaque exercice, et il serait dans l'intérêt des action-

12.

naires d'imposer en ce sens une règle fixe aux
administrateurs des compagnies.

C'est chose parfois délicate et un peu confuse
que la distinction entre les dépenses d'exploitation et les dépenses de premier établissement,
surtout quand les *betterments* sont rendus constamment nécessaires par le développement du
trafic. Aussi voit-on qu'en Amérique la sépara-
tion entre le compte d'exploitation et le compte
d'établissement, ou, comme on dit là-bas, entre
le compte du revenu et le compte du capital,
est moins tranchée, moins absolue que chez
nous; on constate alors de fréquentes interver-
sions d'un compte à l'autre. Dans les compagnies
prospères, comme nous l'avons vu, ce sont des
dépenses de premier établissement qui sont
payées sur le service courant. Mais quand une
compagnie est à court d'argent, que ses recettes
d'exploitation sont insuffisantes, elle se trouve
perpétuellement tentée de reporter au compte
d'établissement certaines dépenses d'entretien,
qu'elle dissimule sous la rubrique de *betterments*;
les bénéfices réalisés grâce à cette interversion
sont purement fictifs, et ne peuvent être distribués aux actionnaires qu'au prix de l'accroissement des charges des années suivantes.

De même, pour arriver à couvrir les charges fixes ou à distribuer un certain dividende, ou simplement pour réaliser une spéculation de Bourse, la direction d'une compagnie est tentée parfois de négliger pendant plusieurs exercices les dépenses d'entretien; puis quand il sera à toute force nécessaire de remettre en état la voie et le matériel, on contractera une dette flottante. Ou bien encore on utilisera en bloc toutes les ressources disponibles du service de l'exploitation, et on en sera réduit, lors de l'échéance du coupon, à emprunter de quoi payer les charges fixes. Ainsi c'est souvent dans les *betterments* qu'il faut chercher le nœud d'une situation compromise; c'est souvent là que se dresse la pierre d'achoppement qui détermine la ruine d'une compagnie.

Réserves. — Le mot de réserve est un terme inconnu dans le vocabulaire du *railroading* aux États-Unis : la chose existe-t-elle dans la réalité? — Les compagnies américaines, quand elles veulent mettre de côté, sur les bénéfices d'un exercice, une certaine somme qu'elles ne distribuent pas aux actionnaires, ont l'habitude de porter ce *surplus* à un compte de profits et pertes [1]. Comme

1. On l'appelle encore *income account.*

nous venons de le voir, les prétendus *surplus*
ainsi réservés sont, plus souvent qu'on ne pense,
purement fictifs, car ils correspondent à des
dépenses d'entretien qui auraient dû être im-
putées sur le compte de l'exploitation. Quoi qu'il
en soit, on les emploie d'ordinaire à acheter des
titres de compagnies subsidiaires dont on veut
s'assurer le contrôle, ou bien à faire des avances
à ces mêmes lignes, lorsque, comme c'est le cas
habituel, leur état matériel a été trouvé insuffisant à l'époque de l'acquisition. Il en résulte que,
valeurs dépréciées, créances irrécouvrables, voilà
ce qu'on trouve la plupart du temps en regard du
compte de profits et pertes dans les bilans des
chemins de fer américains. Hâtons-nous cependant de faire exception pour quelques compagnies
de premier ordre, qui ont employé leurs bénéfices annuels à l'acquisition de valeurs subsidiaires mais sûres, dont une partie au moins
serait sans doute disponible en cas de nécessité;
quelques-unes commencent aussi à se constituer
des réserves pour dividendes ultérieurs. Mais ce
n'est là qu'une exception; trop souvent on peut
dire que les réserves des compagnies de chemins
de fer aux États-Unis représentent un actif absolument irréalisable, une sorte de *book-keeping*

assets. Ainsi l'*Atchison*, qui en décembre 1893 tombait en *receivership*, avait à cette époque un solde d'*income account* de 37 millions de francs ! Une réserve proprement dite est chose rare : les compagnies vivent au jour le jour, sans chercher à se prémunir dans les temps de prospérité contre les nécessités imprévues de l'avenir.

C'est en quoi elles sont fort critiquables, surtout dans un pays où les crises se sont de tout temps montrées fréquentes et particulièrement rigoureuses ; et c'est ce qui explique, dans ces compagnies, l'extraordinaire fréquence des dettes flottantes. D'une manière générale, ce n'est pas dans le service courant de l'exploitation qu'il faut chercher l'origine de l'*unfunded debt* en Amérique. Ses causes se trouvent d'abord dans la difficulté de remboursement des emprunts en temps de crise. Mais le plus souvent, c'est de la nécessité des *betterments* que dérivent les dettes flottantes, parce que les compagnies, à court d'argent, n'ont pas pourvu d'avance et d'une façon suffisante aux exigences de ces améliorations indispensables. Le procédé de la construction provisoire et progressive appliqué par les chemins de fer américains a, comme nous l'avons vu, de grands avantages; mais il exige dans la gestion financière une ligne de conduite exceptionnellement prudente. Or c'est précisément dans la direction des compagnies un défaut assez commun qu'une confiance irréfléchie dans l'avenir, un optimisme inconscient fait à la fois d'amour du risque, de *self confidence*, et d'imprévoyance naturelle. Les dettes flottantes existent à l'état normal dans toutes les compagnies de second ordre, et en temps de crise tous les chemins de fer américains sont sujets à ce mal contagieux. Une seule ligne, le *Canadian Pacific*, a su jusqu'à présent toujours éviter le péril, et le fait semble absolument inexplicable aux États-Unis.

Portefeuille-titres. — Un côté spécial et fort curieux de la gestion des chemins de fer américains, ce sont les opérations financières pratiquées par beaucoup de compagnies en dehors du cadre de leur service normal, et qui présentent une analogie étroite avec les opérations faites à Londres par les *investment and trust corporations* [1]. La plupart des compagnies américaines

---

1. Ces sociétés, qu'il ne faut confondre ni avec les grands *trusts* industriels ni avec les *trust companies* des États-Unis, ont pour but de fournir aux capitalistes des emplois d'argent

possèdent un portefeuille-titres d'importance plus
ou moins considérable, et dont on peut ratta-
cher l'origine aux deux considérations suivantes.
D'une part, la formation des grands réseaux a eu
lieu le plus souvent non par voie de fusion,
mais par voie de prise à bail de lignes secondaires, et surtout d'acquisition sur le marché de
la totalité ou d'une majorité des titres de ces
mêmes lignes; les compagnies principales doivent ainsi tenir en portefeuille une quantité parfois énorme de valeurs des compagnies subsidiaires pour assurer l'unité et l'indissolubilité
de leur réseau. D'autre part, un grand nombre
de compagnies ont pour habitude de prendre un
intérêt plus ou moins large dans un certain
nombre d'entreprises qui forment comme les
annexes des chemins de fer, ou même parfois
dans des affaires industrielles : sociétés d'*express*
(messageries), de *transportation* ou de *transit* [1],

---

moyennant une répartition des risques, en appliquant aux
placements de fonds le principe de l'assurance ou des
moyennes.

1. A l'époque où le matériel roulant d'une compagnie
n'était pas admis à circuler sur les réseaux voisins, des
sociétés dites *transportation* ou *transit companies*, ou encore
simplement *lines*, s'étaient formées pour effectuer le service
des marchandises en transit après accord avec les différentes
compagnies; aujourd'hui la plupart de ces entreprises sont

de docks et d'entrepôts, de bacs à vapeur, de construction de matériel[1], de *stock yards* (parcs à bétail), d'*elevators* (magasins à blé), d'hôtels, etc. Les chemins de fer qui ont un fort trafic de charbon prennent souvent participation dans des houillères; ceux qui, comme le *Pennsylvania*, traversent une région essentiellement métallurgique, dans les hauts fourneaux, forges et fonderies. Dans l'extrême-ouest, la plupart des compagnies sont unies par des liens plus ou moins étroits aux sociétés immobilières d'*improvement*, qui ont pour but de faciliter par des travaux d'intérêt commun la mise en valeur des territoires nouveaux. Enfin, beaucoup de lignes qui ont leur terminus soit sur les côtes maritimes, soit sur les grands lacs, s'intéressent dans des entreprises de navigation. Ainsi le capital d'une compagnie doit subvenir souvent, en même temps qu'aux frais de premier établissement du réseau, d'une part aux acquisitions de lignes locales, et d'autre part aux participations à prendre dans des affaires intéressant de plus ou moins près l'exploitation du chemin de fer. La

aux mains des compagnies de chemins de fer, qui les ont rachetées peu à peu.

1. Beaucoup de compagnies américaines sont actionnaires de la *Pullman palace car company*.

compagnie cherche à diviser le risque, et à placer
ses capitaux d'une façon telle qu'elle bénéficie
de la différence entre le taux d'intérêt reçu et le
taux d'intérêt payé; elle assume les chances de
gain et les chances de perte. Les deux meilleurs
exemples qu'on puisse donner de la pratique de
ces véritables opérations de *trust* se trouvent dans
le *Pennsylvania railroad* et dans l'*Atchison*. Le
Pennsylvania possédait au 31 décembre 1893 pour
117 millions de dollars de valeurs tant de compagnies subsidiaires que d'entreprises diverses,
soit un chiffre inférieur de 6 millions seulement
au montant de son compte de premier établissement; ces placements de fonds ont rapporté
en 1893 une somme de 4 955 000 dollars, en
moyenne 4,25 p. 100, soit 900 000 dollars de
plus que le montant des intérêts payés par la
compagnie sur sa propre dette. Voilà les résultats
de l'opération quand elle est habilement dirigée;
voyons les résultats opposés dans l'*Atchison*. Au
30 juin 1893, l'*Atchison* (*consolidated system*)
avait un portefeuille-titres de plus de 230 millions de dollars (prix d'achat), alors que son
compte de premier établissement ne se montait
qu'à 96 millions de dollars; le revenu de ce portefeuille n'a été pendant l'exercice 1892-93 que

de 786 000 dollars, soit 0,3 p. 100, tandis que le
service des intérêts de la dette demandait plus de
7 millions de dollars. Nous avons choisi à dessein comme exemples les deux compagnies qui,
croyons-nous, font le plus de ces opérations
financières; il va sans dire que ce sont là des
cas extrêmes, et que la majorité des compagnies américaines ne pratique ces opérations
que dans une mesure très restreinte, secondaire,
souvent même absolument négligeable. L'acquisition des lignes subsidiaires est fréquemment une nécessité du régime industriel des
chemins de fer aux États-Unis. Mais on doit
reconnaître que, dans un grand nombre de cas,
les opérations faites par les compagnies ne sont
autre chose qu'une spéculation sur les valeurs,
une sorte de *stock jobbing*, comportant tous les
dangers inhérents aux opérations de *trust*.

Les compagnies américaines se rapprochent à
un autre point de vue des *trusts* anglais, c'est
par la facilité avec laquelle elles créent de nouvelles compagnies. Ce genre d'affaires (*business
of company promoting*) semble assez fructueux
aux États-Unis, et il est en tout cas fort répandu.
Tantôt une compagnie fonde une série de
sociétés filiales pour pourvoir à la construction

de lignes d'intérêt secondaire; tantôt elle constitue des compagnies succursales, dont elle souscrit tout le capital, pour exploiter une partie de son réseau, comme le *Pennsylvania railroad* a organisé en 1890 la *Pennsylvania company*. Dans d'autres cas, au contraire, une société est formée pour coordonner les diverses parties d'un réseau mal constitué, pourvoir aux besoins financiers que des compagnies faibles et isolées étaient incapables de satisfaire, imprimer enfin à l'ensemble de l'entreprise une direction unique : c'est le cas du *Southern Pacific*. Parfois enfin, ce sont des sociétés de construction que les compagnies de chemins de fer organisent ou font organiser dans leur propre intérêt, ou encore des sociétés mi-industrielles, mi-financières, adonnées au *railroad financeering*, comme l'ancienne *Oregon and transcontinental company*.

Comptes. — Nous avons à rechercher maintenant ce qu'aux États-Unis les actionnaires et le public savent, ou peuvent savoir, de la gestion économique et financière des compagnies. D'une manière générale, on peut dire que l'opinion s'intéresse beaucoup plus qu'en Europe aux questions de *railroading*. Une guerre de tarifs entre deux grandes compagnies est un événement

national aussi *exciting* qu'une campagne pour
l'élection présidentielle; les actions de chemins
de fer forment, avec celles des grands *trusts*
industriels, l'élément le plus actif de la spéculation. Seulement le public n'est réellement bien
renseigné que sur un point, sur les résultats du
trafic, les recettes et les dépenses d'exploitation.
Toutes les compagnies publient, chaque semaine
ou chaque mois, la statistique de leurs recettes
brutes, le plus souvent aussi celle de leurs recettes
nettes, parfois même la situation de leurs charges
fixes. En outre, une foule de publications spéciales, officielles et autres [1], donnent sur les chemins de fer des renseignements fort intéressants
pour les économistes et les capitalistes.

Quant à la situation financière des compagnies, à leur gestion intérieure, à leur ligne de
conduite économique, à ce qui représente aux
États-Unis la question essentielle et le point
critique, tout cela reste souvent dans l'ombre.
Une compagnie achète-t-elle une ligne subsidiaire? On risque de ne le savoir que longtemps

1. *Annual Reports of the Interstate commerce commission*;
*Annual Reports on the statistics of railways (Interstate com-
merce commission)*; Rapports officiels des commissions de
contrôle dans chaque État; *Poor's Manual of railroads*; *Railroad gazette*; *Commercial and financial Chronicle*, etc.

après. Quels sont les financiers qui à un moment donné « contrôlent » une affaire? Parfois il est difficile de le dire. Une compagnie a-t-elle l'intention de construire des extensions dans l'ouest? Ses *directors* ont bouche close. A vrai dire, les rapports, comptes et bilans annuels d'un grand nombre de compagnies sont établis d'une façon claire, précise et nette : la situation ne laisse aucun doute et peut être appréciée avec sûreté. Dans bien d'autres cas, au contraire, les comptes sont obscurs et insuffisants : impossible souvent de savoir quel sera le montant des charges fixes et des redevances pour lignes louées dans les prochains exercices; on abuse dans les bilans des articles généraux et vagues; la dette flottante ne se peut évaluer, et parfois même les compagnies n'y font figurer que les effets venus à échéance; d'ailleurs personne n'ignore aux États-Unis que les comptes d'un certain nombre de chemins de fer sont *cooked*, apprêtés pour les regards du public. C'est souvent chose fort difficile que de découvrir ce qu'il y a en réalité sous les chiffres du bilan d'une compagnie américaine; parfois les *receiverships* surprennent au moment où on les attend le moins, où les administrateurs des compagnies soupçonnées en

dénient la rumeur avec le plus d'insistance.
Quelques compagnies, notamment le *Denver and
Rio Grande*, commencent maintenant à soumettre, suivant la pratique anglaise, leurs
comptes annuels à l'examen d'un commissaire
spécial nommé par les actionnaires : cette pratique de l'*independant audit* n'a malheureuse-
ment que peu de chances de se développer en
Amérique tant que les méthodes actuelles de
gestion seront en vigueur.

Dégageons maintenant, pour terminer cette
esquisse, l'impression générale que laisse l'examen, tout superficiel qu'il soit, du régime financier des chemins de fer aux États-Unis. Ce qui
apparaît tout d'abord, c'est la puissance colossale
de ces entreprises, c'est la place prépondérante
qu'elles tiennent dans la vie économique de la
nation. Leur capital s'élève à 43 milliards de
francs; leurs titres occupent à eux seuls les
trois quarts de la cote de la Bourse. Telle compagnie exploite un réseau de 15 000 kilomètres,
comme fait l'*Atchison*, et le *Pennsylvania railroad* réalise annuellement 50 millions de francs
de bénéfices nets. Par la très grande liberté dont
les compagnies jouissent encore aujourd'hui

dans la fixation des tarifs de transport, elles exercent sur l'industrie et le commerce une influence sans égale ; le personnel qu'elles emploient directement se monte à près de 900 000 hommes ; la plupart des assemblées politiques locales sont, de gré ou de force, à leur dévotion. D'autre part, leurs responsabilités sociales ne cessent de grandir, et en même temps s'élèvent peu à peu vers elles les revendications populaires de la liberté contre le monopole, de la petite industrie contre la grande industrie, de l'individu contre la *corporation*. Certes, les chemins de fer ont abusé, ils abusent souvent de leurs pouvoirs excessifs ; la législation est enfin entrée aujourd'hui dans la voie de la réglementation et du contrôle, mais la répression de ces abus est aux États-Unis plus difficile qu'ailleurs, parce que les intéressés sont plus puissants, et parce que l'action de l'autorité publique est moins directe et moins efficace.

Ce qui frappe en second lieu, c'est l'extrême diversité qui existe entre les compagnies, à quelque point de vue qu'on les envisage, dans leur productivité, dans leur gestion ou dans leur situation financière. L'instabilité générale des affaires aux États-Unis, l'abus de la spéculation,

contribuent à faire varier plus qu'en Europe
les résultats de l'exploitation : les chemins de
fer sont, en Amérique, des entreprises véritablement et purement industrielles. Pour l'avenir,
leur productivité dépendra surtout des deux
faits suivants, l'accroissement du réseau et le
régime des associations de tarifs. D'ailleurs,
ce qui sauvera toujours l'ensemble, malgré la
disparition des plus faibles dans la lutte pour
l'existence, c'est la progression merveilleuse du
trafic général aux États-Unis, c'est la force de
résistance et l'esprit remarquable d'adaptibilité
qui caractérisent la direction des compagnies
dans les temps d'épreuve.

Enfin, depuis une dizaine d'années, on doit
constater que des progrès très sensibles ont été
réalisés dans l'administration des compagnies
de chemins de fer aux États-Unis, et particulièrement dans la gestion de leurs finances. Il a
été un temps où la plupart des compagnies
étaient, au même degré que des entreprises de
transports, des affaires de pure spéculation destinées simplement à faire gagner de l'argent aux
financiers qui les dirigeaient; aujourd'hui on en
trouve sans doute encore de telles, mais le
public les reconnaît facilement, et le capitaliste

sait aussi mieux se défendre contre le *railroad wrecking*. D'une manière générale, on peut dire que la spéculation est beaucoup moins intense maintenant qu'elle n'était dans la période d'*inflation* qui a suivi la guerre de Sécession; mais le pays souffre encore par les conséquences des excès des temps passés. Aujourd'hui, ce qui fait surtout défaut dans le régime financier des entreprises de chemins de fer en Amérique, c'est la restriction des pouvoirs arbitraires abandonnés aux administrateurs, c'est l'attribution du pouvoir dirigeant aux vrais intéressés, à ceux qui ont fourni les fonds, c'est enfin l'organisation d'une publicité effective et sincère des opérations et des comptes. Il y a là d'ailleurs plutôt une question de mœurs qu'une question de réglementation.

CHAPITRE III

Le régime légal.

Si on peut dire d'une manière générale que les États-Unis sont encore, à l'heure actuelle, l'un des pays les plus attachés au régime de la liberté intérieure en matière économique, à la doctrine de la *self regulation,* on doit constater néanmoins que l'industrie des chemins de fer y a fait, depuis un quart de siècle, l'objet d'une intervention progressive et rien moins que timide de la part de la législation. Les chemins de fer américains sont nés protégés par l'autorité publique. La nation avait besoin d'eux pour la mise en valeur des immenses régions incultes et désertes de l'ouest, et dès l'origine les États et le pouvoir fédéral favorisèrent de toutes leurs

forces l'établissement des voies ferrées. On chercha à attirer l'initiative privée en donnant toute
facilité à la constitution des entreprises et toute
liberté à la construction des lignes ; on dota les
compagnies de concessions de terres ; les villes,
les comtés, les États mêmes donnèrent des
subventions : les chemins de fer étaient regardés
comme des bienfaiteurs publics. Les choses
changèrent du tout au tout quand, après la
guerre de Sécession et l'achèvement de la première ligne transcontinentale, le pays se fut
rassuré sur le succès de l'œuvre entreprise.
L'opinion commença à brûler ce qu'elle avait
naguère adoré. Les chemins de fer étaient devenus les véritables maîtres du territoire ; ne
reconnaissant d'autre frein que la concurrence,
ils abusaient de leur toute-puissance économique
pour faire la loi au pays, favorisant à leur gré
telle région, telle ville, telle industrie ou même
tel individu, aux dépens des autres et au plus
grand dommage de l'intérêt commun ; leurs
guerres de tarifs mêmes se livraient sur le dos
des expéditeurs et des voyageurs. Ces abus
amenèrent, en 1870, une levée de boucliers
dans les États du nord-ouest, où l'association
des fermiers, des *Grangers*, engagea alors avec

les compagnies une lutte de violences sans
merci, dont les résultats furent désastreux pour
les deux partis en présence. A la suite de l'échec
de la politique brutale des *Grangers*, la plupart
des États essayèrent d'organiser un régime légal
de réglementation et de contrôle sur l'exploitation des lignes ferrées ; ces tentatives furent
bientôt secondées par l'intervention du Congrès
dans le débat et par le vote de l'*Interstate commerce law* en 1887.

Ainsi s'établit en Amérique le contrôle de la
nation sur les chemins de fer : alors que dans
l'Europe continentale ce contrôle a généralement
trouvé son origine dans des contrats synallagmatiques de concession, il ne repose aux États-Unis
sur aucune espèce de convention passée entre
l'autorité publique et les compagnies ; il a été
constitué de toutes pièces, *ex post facto*, et imposé aux compagnies par la volonté souveraine
de l'autorité nationale.

Ce qui rend fort complexe l'étude de la législa-
lation des chemins de fer aux États-Unis, c'est
que ceux-ci relèvent à la fois, au point de vue
légal, de l'Union et des États. Dans chacun des
États particuliers, la législature a seule le pou-

voir de réglementer le commerce intérieur, et
les chemins de fer qui le traversent sont soumis
à son autorité exclusive pour toute la longueur
des lignes comprises dans les limites territoriales
de l'État. D'autre part, le Congrès a seul le droit
de légiférer en ce qui concerne les « territoires »
non encore élevés au rang d'États. Enfin le commerce entre États et le commerce extérieur
ressortissent au Congrès, et avec eux aussi le
régime des voies ferrées traversant deux ou plusieurs États, ou mettant les États-Unis en communication avec le Canada ou le Mexique.

Les compagnies de chemins de fer constituent
aux États-Unis des *quasi public corporations* :
sociétés privées en ce qu'elles sont fondées et
administrées par des particuliers, elles possèdent
cependant un certain caractère public, en ce
qu'elles jouissent de privilèges spéciaux et sont
soumises à un contrôle légal. A la base de la
constitution de chaque compagnie, nous trouvons une *charter* accordée par un acte du pouvoir
législatif, et qui doit être acceptée par la société.
La *charter* est conférée aux entreprises de chemins de fer par la législature de l'État où seront
situées les lignes, ou dans les « territoires » par le
Congrès. Lorsqu'une même ligne doit traverser

14

plusieurs États, une *charter* spéciale sera deman-
dée dans chacun d'eux, et le chemin de fer se
composera ainsi d'un certain nombre de compagnies distinctes en droit, bien qu'unes en fait[1];
parfois une compagnie pourra se contenter de
faire viser sa *charter* originaire par le secrétaire
d'État de chaque État traversé [2], et de la faire
publier.

Cette *charter* a un triple objet : reconnaître et
constituer légalement (*to incorporate*) la société,
autoriser la construction des lignes, enfin conférer aux compagnies de chemins de fer certains
droits ou pouvoirs exceptionnels. L'existence
juridique et corporative des personnes morales
est un privilège qui ne peut être obtenu que par
concession législative, en vertu d'un acte spécial
ou sous l'empire d'une loi générale. Les constitutions récentes d'un certain nombre d'États ont
interdit aux législatures, non sans cause, de
créer des *corporations* par mesures spéciales :
alors les compagnies de chemins de fer se constituent conformément aux lois générales d'*incor-
poration*, lesquelles ont toutes été établies sur le

---

1. C'est ce qui se passe pour le *Chicago Burlington and
Quincy*, par exemple.
2. Exemple : *Great Northern railway company*.

modèle de celle de l'État de New-York (1850).
D'après cette loi, lorsqu'une société en formation a réuni un minimum de souscriptions de
1000 dollars par mille de ligne à construire, et
que ces souscriptions sont libérées de 10 p. 100,
des actionnaires au nombre de 25 peuvent faire
enregistrer l'acte de société par l'administration
du secrétariat d'État, et la compagnie sera *ipso
facto* légalement existante; le capital social doit
être au minimum de 10 000 dollars par mille de
ligne, et les premiers administrateurs au nombre
de 13.

Le second objet de la *charter* est d'attribuer
à l'entreprise la sanction légale, en autorisant la
compagnie à construire et exploiter, de tel à tel
autre point du territoire, une ligne dont elle aura
la propriété perpétuelle. Dans quelques États de
l'est, les lois font précéder la concession des *charters* d'un simulacre d'enquête d'utilité publique.
Mais, la plupart du temps, le tracé n'est prévu
dans l'acte que d'une façon très vague, de manière
à laisser la plus grande part d'initiative à la compagnie, qui d'ordinaire n'a pas encore terminé
ses levés de plans à cette époque; dans l'ouest,
les *charters* se contentent souvent de dire qu'une
ligne sera construite « dans telle ou telle direc-

tion » ou « à la hauteur de tel ou tel parallèle ». En principe, aucune condition n'est imposée au concessionnaire pour la construction, pour l'exploitation technique, ni pour l'exploitation commerciale, si ce n'est parfois un délai d'achèvement des travaux, sanction sans valeur, car on prolonge toujours le délai quand il se trouve insuffisant. D'ailleurs l'autorisation accordée ne constitue pas un monopole, selon ce que les Européens entendent vulgairement par le mot de concession, et rien n'empêchera les législatures de permettre, quelques années après, la construction de lignes parallèles à la première, comme par exemple le *Nickel Plate* a été tracé en concurrence avec le *Lake Shore and Michigan southern*, au grand dommage de ce dernier[1].

Enfin les *charters* confèrent aux compagnies certains droits spéciaux nécessaires à l'exécution de l'entreprise, droit d'hypothéquer, si ce droit n'appartient pas aux chemins de fer en vertu d'une loi générale comme dans l'État de New-York, droit d'expropriation (*right of emi-*

---

1. Une *charter* est un contrat entre l'État et la société ou *corporation* : telle a été la jurisprudence constante des cours de justice depuis le *Darmouth College case*. Il en résulte que la *charter* doit être formellement acceptée par la compagnie pour être définitive.

nent domain). Toutes les compagnies de l'ouest ont en outre reçu du Congrès, directement ou par l'intermédiaire des États, le don gratuit d'étendues immenses de terres sur le parcours de leurs lignes. Appliqué dès l'origine des voies ferrées, le système des concessions de terres (*land grants*), qui est spécial à l'Amérique, a de tout temps exercé une influence très heureuse sur les progrès de la colonisation et le développement du réseau. Le chemin de fer étant en effet l'un des facteurs essentiels du travail de la mise en valeur des territoires nouveaux, c'est lui faciliter sa fonction, et c'est en même temps l'intéresser au succès de son rôle, que de lui donner, à charge de revente aux colons, des terres libres dans les régions qu'il ouvre à l'immigration. Ces terres prennent de la valeur par leur proximité d'une voie ferrée; d'autre part leurs produits fournissent aux lignes nouvelles un élément de trafic. Ainsi en même temps qu'elles facilitent les débuts de l'exploitation, ces concessions constituent pour les compagnies une dotation appréciable, bien que virtuelle et aléatoire. Les *land grants* comprennent ordinairement, à droite et à gauche du tracé de la voie, dans une zone d'une largeur donnée (8 à 10 milles), un certain

14.

nombre de *sections* de terres, la section équiva-
lant à 640 acres ou 260 hectares. La propriété
de ces terres n'est d'ailleurs acquise aux compagnies qu'au fur et à mesure de l'achèvement des
travaux sur la ligne, et une clause assez rigoureuse de déchéance est en général stipulée pour
le cas où l'exploitation ne serait pas ouverte
dans un délai déterminé. Le *Northern Pacific
railroad* avait ainsi acquis au 31 mars 1892 plus
de 18 millions d'hectares de terres, le *Central
Pacific* près de 5 millions, l'*Atlantic and Pacific*
et le *Canadian Pacific*, 8 millions d'hectares. Les
compagnies font en général de leurs *land grants*
une sorte de caisse d'amortissement, au moyen
de laquelle elles remboursent, au fur et à
mesure des ventes de terres, leurs actions privilégiées ou des obligations dites *land grant bonds*
spécialement gagées sur les concessions.

Une fois acceptée, la *charter* ne peut plus être
abrogée ni modifiée, sauf disposition contraire,
que du consentement de toutes les parties contractantes, État, compagnie et actionnaires. Dans
un grand nombre d'États, la Constitution [1] ou une

1. Voir les Constitutions et amendements aux Constitutions
des États de New-York, Pennsylvania, Texas, Maryland,
Delaware, Wisconsin, North Carolina, Arkansas, Oregon,
Nevada, Colorado, Maine.

loi générale a expressément réservé à l'autorité
législative le pouvoir d'abroger ou de modifier
les *charters* des compagnies. Du droit d'abrogation, nous ne saurions citer que peu d'applications pratiques; au contraire, les amendements aux *charters* sont choses assez fréquentes,
et, comme on l'a dit [1], les États ont en fait
autant de pouvoirs que si les cours de justice
n'avaient pas décidé, dans l'affaire du *Darmouth
College*, que les *charters* constituaient de véritables contrats. Pourtant la jurisprudence elle-
même a fixé certaines limites à ce droit d'amendement. Les modifications apportées par voie
législative ne peuvent être faites que dans un
intérêt public, et ne sauraient affecter les droits
réciproques des actionnaires *inter sese* : elles
doivent être compatibles avec l'objet primitif de
la société, sans porter atteinte aux droits acquis
sous l'empire de la *charter* primitive. Certaines
cours de justice ont fait à cet égard une distinction entre les modifications fondamentales et
les modifications incidentes aux *charters* : les
premières, altérant matériellement et gravement
les obligations et les responsabilités de la com-

1. Cook, *Treatise on the laws of Stocks and Stockholders.*
New-York, 1887.

pagnie, ne sont valables qu'après le consentement formel de tous les intéressés, et ne sont pas même opposables à une minorité d'actionnaires récalcitrants. En fait, les législatures locales usent d'ordinaire de ce droit d'amendement d'une façon modérée, le plus souvent pour conférer aux compagnies des pouvoirs ou des privilèges nouveaux. Disons enfin qu'une compagnie peut toujours être déclarée déchue de sa *charter* pour avoir abandonné la construction ou l'exploitation des lignes, ou au contraire pour avoir abusé des droits qui lui ont été concédés (*non user or misuser of the grant*).

On voit que ce n'est pas dans les *charters* originaires des compagnies que les pouvoirs publics américains ont pu trouver une raison suffisante pour intervenir dans le régime des chemins de fer et réglementer l'exploitation. Les États ne se sont réservé par ces *charters* aucun droit exprès de contrôle, et, l'eussent-ils fait, le développement du réseau ferré eût sans doute été bien loin de rencontrer le même succès. Ce n'est même pas dans le droit d'amendement que les législatures ont cherché une base de négociations, puisqu'elles n'ont le plus souvent usé de ce droit que dans l'intérêt même des compagnies. Sur quelle base constitutionnelle a-t-on donc réussi à établir le contrôle légal sur l'exploitation des chemins de fer? Ce droit de contrôle repose aujourd'hui sur la doctrine que « les chemins de fer sont des voies de communication publiques (*public highways*) ».

Rien de moins nouveau, en Amérique, que cette théorie à laquelle un livre de M. Hudson[1] donnait naguère un regain d'actualité. Elle a été exprimée pour la première fois en 1831 par la Cour suprême de l'État de New-York dans l'affaire du *Saratoga and Schenectady railroad* : « Les chemins de fer sont des entreprises, des œuvres publiques (*public improvements*), qui bénéficient à la nation entière, et les législatures peuvent, à leur intention, faire emploi ou donner délégation du droit d'expropriation.... Les législatures ont le droit de réglementer l'usage de la concession, et de fixer le maximum des péages (*tolls*) perçus.... » Le même principe fut posé d'une manière également décisive par la Cour suprême fédérale, à l'occasion d'un procès intenté par Joseph Bonaparte, l'ancien roi d'Espagne, à

---

1. James F. Hudson, *The railroads and the republic.* New-York, 1887.

la compagnie des chemins de fer de *Camden and
Amboy*. On pensait encore à cette époque faire
d'une ligne ferrée une voie de communication
libre, ouverte à tout le monde, comme une
grande route ou un canal, dont l'usage serait
simplement soumis à des règlements de voirie;
les compagnies se seraient contentées de construire les lignes, et les tarifs n'auraient été autre
chose que des droits de péage. C'est ainsi, en
effet, qu'on commença à exploiter le *Philadelphia
and Columbia railroad*, construit par l'État de
Pensylvanie, et l'*Allegheny portage railroad*, qui
fonctionnait au moyen d'un moteur fixe. Cette
idée a été reprise récemment par M. Hudson [1],
qui propose le plus sérieusement du monde de
revenir à ces errements d'autrefois, et de donner
à tout individu, sous l'empire de règlements spéciaux de sécurité, le droit de lancer des trains
sur une ligne ferrée : M. Hudson croit trouver
là une solution très simple du *railroad problem*
en Amérique!

Si bien affirmée à l'origine des voies ferrées,
la théorie du caractère public des chemins de fer
resta pendant de longues années dans l'oubli, et

---

1. *Loc. cit.*, p. 369 et suiv.

ne revit le jour que quand les pouvoirs locaux
eurent besoin de se faire une arme de combat
contre les compagnies. C'est en 1871 que nous
trouvons la première application pratique de la
doctrine, dans une loi votée par la législature du
Minnesota pour fixer aux chemins de fer des
maximums de tarifs. Cette loi fut immédiatement
déférée par les compagnies à la Cour suprême,
en même temps que les lois analogues émanées
de plusieurs autres États du nord-ouest, et la
Cour suprême rendit son jugement en 1876 dans
les célèbres *granger cases*[1] : elle reconnut formellement aux législatures le droit de limiter
« les tarifs des chemins de fer et de toutes les
entreprises impliquant un monopole virtuel »,
en se fondant précisément sur l'ancienne doctrine du *public highway*.

Les compagnies de chemins de fer s'élevèrent
avec la plus grande vigueur, comme on peut le
penser, contre la thèse qu'il plaisait aux pouvoirs
publics de ressusciter à leurs dépens. Le principe ancien, dirent les avocats du *private proprie-
torship*, s'est trouvé nécessairement modifié par
les faits, bien qu'il subsiste encore dans l'esprit

---

1. *Munn versus Illinois*; *Chicago Burlington and Quincy
versus Iowa*, etc.

attardé de quelques juriconsultes ; les nécessités
actuelles du progrès, la pratique du *railroading*
moderne, ne sont plus compatibles avec cette
théorie surannée, archaïque, *obsolete*. Bien plus,
les prétentions des législatures constitueraient
une atteinte au droit de propriété et une violation des *charters*, contrats synallagmatiques qui
forment la loi des parties. Pourtant les compagnies durent se rendre, et cela pour ce simple
motif en apparence insignifiant que, si les
chemins de fer n'étaient pas des *public highways*,
ils ne pouvaient et n'avaient pu légalement être
investis du droit d'expropriation pour la construction des lignes. D'ailleurs, depuis quelques
années, la législation est venue donner son
appui formel à la jurisprudence : toutes les Constitutions locales élaborées ou remaniées depuis
vingt-cinq ans aux États-Unis ont déclaré les
chemins de fer *public highways*, ou ont officiellement reconnu aux législatures le droit de réglementer le régime des chemins de fer [1]. Les compagnies américaines sont aujourd'hui regardées
comme les mandataires des pouvoirs publics,

---

1. Pennsylvania, Illinois, Missouri, Louisiana, California,
Nebraska, Arkansas, Texas, Georgia, Iowa, Michigan, Minnesota, Wisconsin, Colorado.

ou, pour employer une expression courante de droit anglo-saxon, comme les *trustees* de la nation. Ce sont des sociétés privées remplissant une fonction d'intérêt général ; à ce titre, elles sont soumises au droit de contrôle et de réglementation de l'autorité publique.

Quels sont les caractères généraux de cette réglementation, comment s'exerce ce contrôle ? Telles sont les questions que nous avons à examiner maintenant.

On sait que l'un des traits particuliers du régime légal des États-Unis d'Amérique, c'est que, si le pouvoir législatif y est fractionné entre l'Union et les États particuliers, on trouve du moins entre chacune de ces législations spéciales des analogies de fond et souvent même des parités de forme, qui permettent de les classer en un certain nombre de types primordiaux, *leading*, dont les autres ne sont qu'une imitation ou une reproduction assez fidèle. Ce caractère apparaît très nettement dans la législation des chemins de fer. Ce sont les États particuliers qui ont commencé en Amérique l'œuvre de la *railroad regulation* ; puis le Congrès est venu faire en 1887, pour le commerce d'État à État, ce que les pouvoirs locaux avaient déjà fait pour le commerce local. Toutes ces législations ont d'ailleurs un caractère commun : elles posent d'abord certains principes généraux inspirés par l'intérêt public; puis elles chargent une commission spéciale de contrôle d'assurer l'exécution de ces prescriptions. Nous étudierons successivement les législations locales, puis la loi fédérale dite *Interstate commerce law*, de manière à embrasser ainsi l'ensemble de la *railroad regulation* aux États-Unis.

Les dispositions légales émanant des États concernent, soit l'exploitation technique, soit l'exploitation commerciale. Les premières, qui sont les moins intéressantes, se signalent par une absence remarquable de vues d'ensemble, fait très commun dans les législations locales américaines, et par une assez grande diversité de caractère d'un État à un autre : ce sont de timides et souvent d'inhabiles essais de réglementation, plutôt qu'une réglementation véritable. La circulation des trains, le mode d'attelage et de chauffage des wagons, les méthodes d'arrêt par freins continus ou autres, le croisement des routes, le passage des lignes au niveau des rues dans les villes, le mode de clôture de la

voie, tels sont les objets les plus fréquents de
cette *piecemeal legislation*, qui mêle volontiers
les plus minces détails de service aux questions
administratives d'intérêt général. Sauf dans les
États de l'est, où le contrôle technique est
aujourd'hui assez bien organisé, ces dispositions
législatives, dont l'autorité est limitée à la cir-
conscription de chaque État, dont la sanction
matérielle fait le plus souvent défaut, ne pro-
duisent en général que des résultats assez
médiocres.

Autrement importante et intéressante est la
réglementation de l'exploitation commerciale,
dont les traits généraux sont dessinés sur un
même modèle dans la plupart des grands États
de l'Union. Ce que les législatures locales ont
cherché ici, c'est à obtenir des compagnies les
tarifs de transport les plus bas possible, puis à
réprimer certains abus, *pools* ou associations de
trafic entre lignes concurrentes, et *discriminations* ou avantages illégitimes accordés par les
compagnies à certains expéditeurs aux dépens
des autres. En ce qui concerne les tarifs, les
premiers statuts promulgués essayèrent d'imposer directement aux compagnies des maximums fixes et inflexibles, mais on ne tarda pas

à reconnaître que ce mode de procéder, désastreux pour les compagnies, était pratiquement inapplicable, parce que la rigidité d'un maximum légal n'est point compatible avec les nécessités commerciales qui régissent les tarifs des rans-ports comme le prix de toutes les marchandises. Il existe encore aujourd'hui, dans quelques États, des maximums légaux de tarifs : mais ou bien ils sont tombés en désuétude, ou bien ils dépassent de beaucoup les tarifs d'application. Ainsi le tarif maximum de trois *cents* par tonne-mille, fixé en 1850 par le *general railroad act* de l'État de New-York, est aujourd'hui supérieur de plus du triple au tarif moyen du *New-York central and Hudson river railroad*. Presque tous les États s'en remettent maintenant, pour le contrôle des tarifs, à des commissions investies de pouvoirs plus ou moins étendus; les lois se contentent de poser en principe que ces tarifs devront être « justes », « équitables », ou « raisonnables », et c'est aux commissions de contrôle à appliquer cette disposition toute théorique. En outre, la plupart des États ont prohibé les *pools*, qu'on accusait de favoriser la hausse du prix des transports et de fournir une arme à la spéculation. Contre les *discriminations* enfin, on trouve tout un arsenal de dispositions défensives.

Voici quelques-unes des plus fréquentes :

« Il est interdit d'accorder à un expéditeur un avantage ou une préférence déraisonnable, ou de faire subir à un expéditeur un désavantage ou un préjudice déraisonnable. » (Minnesota, Massachusetts, Missouri, Iowa, Nebraska, etc.)

« Est déclaré *unjust discrimination*, et est prohibé, le fait d'imposer à un individu des tarifs plus élevés qu'à d'autres individus, ou de le faire bénéficier de tarifs plus favorables, directement ou indirectement, par voie de détaxes ou par tout autre moyen, pour un même service et dans des conditions semblables. » (Minnesota, Iowa, Kansas, Missouri, Nebraska, Nevada, etc.)

« Est déclaré escroquerie, et est prohibé, le fait de demander pour le transport des voyageurs ou des marchandises plus qu'une rémunération équitable. » (Kentucky, Alabama, Georgia, Illinois, Mississipi, South Carolina, etc.)

Dans quelques États, les compagnies ont de plus l'obligation de publier leurs tarifs, et ne peuvent les modifier qu'après avis affiché et délai de dix jours; le fait de percevoir des tarifs

15.

autres que les tarifs officiels est considéré comme *discrimination* illégale.

Telles sont les principales dispositions que renferment les législations des États concernant l'exploitation des voies ferrées. Ces dispositions, qui se ressemblent partout, ne se peuvent apprécier en elles-mêmes; elles sont ce que les font les commissions qui les appliquent, comme celles-là valent elles-mêmes ce que valent les hommes qui les composent. Ces commissions existent à l'heure actuelle dans la grande majorité des États de l'Union; 14 États ou territoires, sur 48, en manquent encore [1]. Elles comprennent d'ordinaire trois membres, tous nommés par les législatures pour une période de temps assez courte, deux à six ans en moyenne. Leur rôle et leurs pouvoirs varient sensiblement d'un État à l'autre, et pour étudier les résultats pratiques de leur fonctionnement, on peut les diviser en trois groupes, qui ont respectivement pour types la commission du Massachusetts, celle de l'Illinois et celle de la Géorgie.

La commission du Massachusetts, la plus

---

1. Delaware, Pennsylvania, New-Jersey, Maryland, Idaho, Indiana, Nevada, Louisiana, Montana, Tennessee, West Virginia, Washington, Wyoming, North Carolina.

ancienne des États-Unis, est le modèle des commissions des États de la Nouvelle-Angleterre et
de l'État de New-York. Elle date de l'année 1869 ;
le cercle de ses attributions a été largement
étendu par les lois de 1874, 1876 et 1878. C'est
une commission d'enquête permanente, chargée
d'exercer une surveillance générale sur les chemins de fer, mais qui n'est dotée d'aucun pouvoir coercitif à l'égard des compagnies. Elle a le
contrôle de l'exploitation technique et commerciale des lignes ; elle doit veiller à l'application
des lois concernant les chemins de fer, et
assurer dans l'État la sécurité et la commodité
des transports. Vient-elle à découvrir une violation d'un statut, son rôle se borne à en référer à
l'avocat général de l'État. Lorsqu'elle reconnaît
que certains perfectionnements techniques sont
indispensables sur une ligne donnée, que certains tarifs sont excessifs et devraient être modi-
fiés, elle en donne simplement avis à la compagnie en question, et consigne le fait dans son
rapport annuel. Elle reçoit les plaintes des particuliers et des municipalités contre les chemins
de fer, elle étudie leurs griefs, et, s'il y a lieu,
recommande aux compagnies de prendre telle
ou telle mesure en conséquence. En matière

financière, elle fixe un mode de comptabilité
uniforme, et vérifie de temps à autre les livres
et les comptes des compagnies ; à la demande
d'un administrateur ou de toute personne possé-
dant en actions ou en obligations un cinquan-
tième du capital d'une compagnie, elle doit
examiner la situation de l'entreprise et publier
dans un journal de Boston le résultat de ses
investigations. Elle est avisée de tout accident
de chemin de fer survenu dans l'État, et fait son
rapport sur chacun d'eux. Le détail des travaux
de la commission est exposé chaque année dans
un rapport général adressé à la législature[1].

On voit l'idée fondamentale qui domine cette
organisation : la publicité. La commission représente l'opinion publique éclairée. Écouter, étudier
et faire connaître des résultats, tel est presque
tout entier son rôle ; il est assez discret pour que
les compagnies n'aient pas songé à lui faire
opposition. En fait, ce système, appliqué par des
hommes supérieurs tels que Charles Francis
Adams et Thomas Russel, a donné depuis l'origine des résultats excellents, parce que les com-

---

1. En outre, la commission fait des enquêtes d'utilité
publique sur le tracé des lignes nouvelles, et joue le rôle
d'arbitre entre les compagnies pour les différends relatifs à
l'échange du trafic de ligne à ligne.

pagnies ont compris qu'il était dans leur intérêt bien entendu de satisfaire aux remontrances légitimes du pays formulées par la commission. En 1886, quand le *chairman* Thomas Russel vint déposer devant le comité sénatorial du commerce entre États, il put témoigner avec un légitime orgueil que depuis quinze ans les avis de la commission n'avaient jamais manqué d'être scrupuleusement obéis.

En face de cette organisation que les Américains appellent *advisory*, il faut placer le *compulsory system*, c'est-à-dire la méthode de la contrainte. C'est dans l'ouest, et particulièrement dans l'Illinois, que nous trouvons cette seconde forme du contrôle, la forme arbitraire et brutale. La plupart des commissions des États de l'ouest ont été créées après que les législatures locales eurent reconnu l'impossibilité qu'il y avait à fixer par des statuts les maximums de tarifs ; leur objet originaire fut précisément de réglementer ces tarifs au lieu et place des législatures. La commission de l'Illinois, que nous prenons ici comme exemple, est chargée de contrôler la situation générale et le fonctionnement pratique des compagnies ; elle a le droit de vérifier les livres et les comptes, de citer à

témoignage les employés; les poursuites judiciaires contre les compagnies se font sous sa
direction. Elle impose aux chemins de fer tels ou
tels travaux, telles ou telles dépenses nécessaires
au service; elle fixe les tarifs maximums, quitte
à diviser les lignes en plusieurs catégories pour
l'application de ses *schedules*; elle peut obliger
une compagnie à abaisser tel ou tel tarif qu'elle
juge excessif. Dans les premières années du
fonctionnement de ce régime autoritaire, les
chemins de fer eurent beaucoup à souffrir, dans
l'Illinois comme dans la plupart des États de
l'ouest, des exigences abusives et vexatoires des
commissions locales. Sous l'influence des *grangers*, l'esprit populaire était alors monté au plus
haut degré de l'irritation et de la violence contre
les compagnies, qu'on accusait de tous les maux
passés et présents, et qu'on voulait ruiner à
toute force, sans souci de l'avenir : c'était une
réaction naturelle contre le *railroad craze* dont
le pays était sorti un instant et où il allait
retomber[1]. Les compagnies laissèrent passer

---

1. Un membre de la commission du Minnesota proposait
de « *shake the railroads over hell* », et le gouverneur de
l'Iowa disait qu'il se moquait bien « *if every damned railroad
in the State went into bankruptcy* » (*North American review*,
mai 1893, *Railway party in politics*).

l'orage, prenant seulement la précaution de majorer fictivement leur capital (*water the stock*) pour dissimuler les bénéfices. Depuis 1880, les rapports entre les chemins de fer et les commissions de contrôle se sont peu à peu améliorés dans un grand nombre d'États, et les commissions, comprenant enfin leurs responsabilités, ont apporté dans l'exercice de leurs fonctions un certain esprit de conciliation auquel les compagnies se sont empressées de répondre. Pourtant la lutte dure encore çà et là sur la question des tarifs, et les compagnies sont parfois contraintes de déférer les décisions des commissions à la Cour suprême pour excès de pouvoirs [1].

La commission de l'État de Géorgie, que nous prenons comme type de l'organisation du contrôle dans les États du sud, jouit de pouvoirs semblables à ceux dont la commission de l'Illinois a fait un emploi si excessif, mais elle en use avec une entente et une modération qui rappel-

---

1. A la fin du mois de mai 1894, la Cour suprême rendit une décision qui fit grand bruit aux États-Unis. Elle cassa comme « déraisonnables » les maximums de tarifs fixés par la commission de contrôle du Texas, en posant ce principe que les compagnies ont droit à des tarifs qui assurent un rendement juste (*fair*) à leur capital.

lent le souvenir de la commission du Massachusetts. Elle représente le moyen terme qui sépare les deux termes extrêmes par lesquels nous avons commencé notre exposé. Sous la direction de M. Campbell Wallace, la commission de Géorgie a établi en 1881, après des enquêtes approfondies, un tarif officiel (*standard tariff*) fort bien classifié, qui sert de tarif maximum ; ce tarif est différentiel, et on l'accroît ou on le diminue pour chaque ligne dans une certaine proportion, de manière à tenir compte des conditions de fait et des nécessités commerciales qui se présentent dans chaque cas spécial. Des changements sont à toute époque libéralement consentis par la commission sur la demande des intéressés. Bien que constitué sur des bases très autoritaires, ce système de contrôle, appliqué avec mesure et habileté par des hommes compétents et impartiaux, semble avoir donné d'assez bons résultats.

De ces trois formes de contrôle local, celle qui paraît s'être montrée la plus efficace, et vers laquelle semblent converger de plus en plus les tendances des intéressés et le sentiment général du public, c'est la méthode dite *advisory*, telle qu'elle fonctionne dans le Massachusetts : c'est là, selon toute apparence, le système qui répond le mieux aux qualités d'initiative individuelle, de *broadmindedness* et de bon sens pratique inhérentes au peuple américain. Que cette forme de contrôle soit immédiatement applicable dans les États de l'ouest et du sud, cela est certes fort douteux; ces États sont d'étendue trop grande, de population trop clairsemée, et le rôle qu'y jouent à l'heure actuelle les chemins de fer dans le développement économique du pays y est de trop haute importance pour que les pouvoirs publics s'y puissent contenter d'un contrôle purement officieux sur les compagnies; les passions y sont aussi trop vives, et les intérêts en jeu trop contradictoires. Mais tout porte à croire que le régime en vigueur dans les États de l'est ne manquera pas de s'étendre peu à peu à tous les autres États de l'Union, au fur et à mesure que ces territoires auront atteint leur degré normal de maturité démographique et économique; la solution donnée par le Massachusetts au problème du contrôle local des chemins de fer semble bien être aux États-Unis la solution de l'avenir.

Les principaux traits caractéristiques des

législations locales américaines concernant les
chemins de fer, se retrouvent aujourd'hui accen-
tués dans la législation fédérale, dans l'*Interstate
commerce act*, qui est venu en 1887 apporter le
contingent du Congrès dans l'œuvre nationale
de la *railroad regulation*. Nous avons déjà eu
l'occasion de dire que l'*interstate commerce*, c'est-
à-dire le transport des personnes ou des choses
d'un État à un autre État de l'Union — ajoutons d'un État à un pays étranger ou réciproquement — relève au point de vue législatif de
l'autorité fédérale seule ; l'action des législatures
locales s'arrête en effet aux parallèles et aux
méridiens qui représentent les limites territoriales de chaque État particulier. Depuis longtemps déjà la nécessité d'une intervention fédérale avait été reconnue aux États-Unis ; ce qu'on
demandait surtout au Congrès, c'était de prévenir, dans le cadre de sa compétence, les deux
grands fléaux du régime des transports, les *discriminations* et les *pools*. Pour avoir voulu faire
davantage et composer de toutes pièces une
réglementation générale des tarifs, le Congrès
vit ses efforts longuement retardés. M. Reagan
avait présenté en 1878 au Sénat un premier
projet, qui avait été rejeté. De nombreuses pro-

positions successivement apportées au Congrès n'eurent pas un sort meilleur. En 1885, le Sénat nomma un comité [1], présidé par M. Cullom, pour procéder à une enquête générale sur le régime des chemins de fer, et ce comité rapporta enfin l'année suivante le bill actuel, qui devint loi le 4 février 1887 sous le nom officiel de : *An act to regulate commerce.*

A la différence de la Constitution fédérale, qui a servi de modèle aux Constitutions des États particuliers, l'*Interstate commerce law* — nous lui rendons maintenant son appellation usuelle — a été elle-même imitée des législations locales et en particulier de celle du Massachusetts : c'est donc pour nous une édition corrigée et augmentée d'un ouvrage déjà lu. Comme ces législations des États particuliers, elle commence par poser certains principes d'ensemble, puis crée une commission de contrôle pour veiller à l'application de ces règles générales.

« Tout prix perçu pour service rendu ou à rendre concernant le transport des personnes et des choses, ou pour réception, livraison et manutention des biens transportés, doit être juste

---

1. Lire le rapport très étendu et fort instructif du *Cullom committe* dans les *Senate reports* (1885-86).

et raisonnable; toute rémunération injuste ou déraisonnable reçue pour de tels services est prohibée et déclarée illégale. »

Telle est la première disposition de la loi; complétons-la immédiatement par celle qui fait l'objet de la clause quatrième, l'une de celles qui ont été les plus discutées dans la préparation de la loi :

« Il est interdit de percevoir, pour le transport des voyageurs ou des marchandises, dans des circonstances et des conditions semblables, un tarif plus élevé pour un parcours moins long que pour un parcours plus long, dans la même direction, le parcours moins long étant compris dans le parcours plus long... »

Dans un article suivant, la loi interdit les *pools*. Puis, elle définit la *discrimination* illégale; elle la prohibe de même que « les préférences ou avantages gratuits ou déraisonnables accordés à certaines personnes, compagnies, sociétés ou localités, et les préjudices ou désavantages injustes ou déraisonnables infligés à ces mêmes personnes, compagnies, etc. » La section sixième impose aux compagnies l'obligation de publier leurs tarifs de voyageurs et de marchandises, et de donner copie de chacun de ces tarifs à la

commission nouvellement créée ; les suréléva-
tions de tarifs pourront avoir lieu seulement dix
jours, et les diminutions trois jours, après l'avis
publié de ces modifications. Enfin il est créé,
pour assurer l'exécution de la loi, une commission, dite *Interstate commerce commission*, com-
posée de cinq membres à nommer par le Président des États-Unis avec l'assentiment du Sénat ;
ces fonctionnaires sont révocables ; la durée de
leurs fonctions est de six années, et ils sont
renouvelables par moitié tous les trois ans [1]. La
commission est investie d'un pouvoir général
de contrôle et de surveillance sur les chemins
de fer ; elle fera, dit la loi, des enquêtes ; elle
recevra et examinera les plaintes des particuliers,
sociétés, municipalités, contre les compagnies,
elle prononcera sur la légalité ou l'illégalité des
faits incriminés. Les compagnies lui enverront des
rapports périodiques ; elle adressera elle-même
chaque année au Congrès un rapport d'ensemble,

1. « Il ne sera pas pris plus de trois membres dans le
même parti politique », ajoute la loi (section 11). « Les fonctions de membre de la commission sont incompatibles avec
l'exercice de toute fonction ou toute occupation (*employment
or business*). Aucune personne au service d'une compagnie
de chemins de fer, ou ayant un rapport officiel avec une telle
compagnie, ou intéressée pécuniairement dans une entreprise
de transports, ne pourra faire partie de la commission. »

où elle exposera les faits généraux intéressant le régime des transports aux États-Unis, et pourra proposer toutes les mesures législatives complémentaires qui lui paraîtraient utiles. Telles sont, résumées le plus brièvement possible, les dispositions essentielles de la loi de 1887. Pour voir comment elles sont appliquées en fait, étudions maintenant le fonctionnement et la jurisprudence de la commission.

L'*Interstate commerce commission* est en fait, sinon en droit, un véritable tribunal. Saisi, par requête des plaignants, des cas de violation de l'*Interstate commerce act*, ce tribunal prononce dans chaque espèce l'application de la loi, et rend des décisions (*orders*) qui sont notifiées aux compagnies; il peut citer des témoins à comparaître, et exiger la production des livres, contrats et documents de toute nature ayant trait à la cause. Tout a été fait pour faciliter l'exercice de cette juridiction spéciale; la procédure est réduite à sa plus simple expression, les frais en sont minimes; par une exception remarquable aux principes de la « loi commune », les actions peuvent être introduites par toute personne, sans qu'il soit besoin de justifier d'un intérêt pécuniaire ou matériel dans l'affaire; enfin, la commission est investie du droit d'évoquer d'office devant elle tous les faits de violation de la loi qui peuvent parvenir à sa connaissance. En pratique, la commission tient ses audiences ordinaires à Washington, et se transporte en outre chaque année dans un certain nombre de grands centres, selon les besoins du service.

Dans quel esprit la commission a-t-elle jusqu'à présent exercé sa juridiction, et dans quelle mesure a-t-elle réussi à faire appliquer en pratique les principales clauses de l'*Interstate commerce act*?

Tout d'abord en ce qui concerne la tarification. La commission a été instituée juge de la légalité des tarifs, c'est-à-dire de la question de savoir si un tarif donné est « juste et raisonnable ». Pour exercer cette appréciation, elle prend en examen toutes les conditions matérielles qui peuvent affecter, dans chaque cas spécial, le tarif incriminé : prix de revient du service, concurrences subies, proportion du trafic local au trafic de transit, valeur de la marchandise, trafic de retour, conditions particulières de l'expédition, etc. Elle estime que « la question ne peut être résolue équitablement sans une connaissance complète de tous les faits concernant l'espèce de trafic en question et ses rapports avec les autres classes de marchandises [1] ». Elle compare le tarif visé aux tarifs appliqués à des marchandises analogues et aux tarifs perçus sur les mêmes marchandises par les compagnies voisines, car « les tarifs doivent être raisonnables relativement aussi bien qu'absolument [2] ». Contrairement à ce que l'opinion publique semblait attendre, la commission reconnaît et admet le principe différentiel de la tarification, mais il y a une limite fixée au décroissement des prix. Conformément à la clause quatrième de l'*Interstate commerce act*, les tarifs ne sauraient dépasser, pour un certain parcours, la taxe afférente à un parcours plus long; la commission fait seulement réserve et exception pour le cas où il y aurait concurrence avec une ligne de navigation intérieure ou maritime, ou avec une compagnie de chemins de fer étrangère; d'ailleurs elle refuse d'accorder la même dispense au cas où il s'agirait seulement d'encourager une industrie naissante ou de créer un centre industriel [3].

---

1. Affaire *Howell versus New-York Lake Erie and Western railroad.*

2. Affaire *Trade Union of Farmington versus Chicago Milwaukee and Saint-Paul railroad.*

3. Affaire *Louisville and Nashville.*

On doit reconnaître qu'en ce qui concerne le
principe de la tarification et spécialement l'abus
de l'élément différentiel, l'effet pratique de la loi
a été jusqu'à présent assez restreint. La commission avoue elle-même, dans son rapport pour
l'année 1887, qu'il serait impossible d'appliquer
la clause quatrième d'une manière absolument
rigoureuse sans causer au pays entier un dommage considérable. De fait, dans les régions où
la population est la moins dense, et où le trafic
est le plus faible, c'est-à-dire dans le sud et dans
l'ouest de l'Union, les tarifs de transit sont
encore très souvent inférieurs à certains tarifs
locaux. Ce sont précisément ces tarifs différentiels poussés à l'extrême — à l'absurde, si l'on
veut, — sous la pression croissante de la concurrence, qui ont contribué si puissamment au
développement économique des territoires nouveaux. Aujourd'hui la commission semble se
proposer pour objet de faire reconnaître peu à
peu les dispositions de la clause quatrième, en
procédant par région et sans hâte, à mesure
que les conditions commerciales de chaque État
peuvent en supporter l'application. Mais il se
passera de longues années encore avant que les
compagnies consentent toutes à se soumettre

sur ce point aux injonctions de l'*Interstate commerce law*.

Passons maintenant à la seconde des dispositions principales de la loi, la prohibition des *discriminations*, et voyons ce que la commission en a fait dans la pratique de sa jurisprudence. La commission décide que « la *discrimination* illégale consiste à accorder à une personne ou à une localité des bénéfices qu'on refuse aux autres [1] »; que, d'autre part, « les avantages ou bénéfices dont jouissent certaines personnes sont injustes et déraisonnables quand ils ont pour résultat de causer à d'autres personnes un préjudice matériel [2] ». Voici quelques applications pratiques de cette jurisprudence. Par exemple, une industrie donnée ne saurait être privée des avantages naturels qu'elle tire de sa proximité relativement au marché des matières premières ou des produits fabriqués [3]; de même une localité située, au point de vue commercial, dans des conditions moins favorables qu'une autre localité,

---

1. Affaire *Crews versus Richmond and Danville railroad*, et affaire *La Crosse manufacturers versus Chicago Milwaukee and Saint-Paul railroad*.
2. Affaire *Howell versus New-York Lake Erie and Western railroad*.
3. Affaire *James and Abbott versus Central Pacific railroad*.

n'a pas droit à une réduction de tarifs qui compense son infériorité économique [1]. Les chemins de fer doivent fournir aux voyageurs de couleur les mêmes garanties de confort et de sécurité qu'ils accordent aux blancs [2]. Une compagnie n'est pas autorisée à appliquer des tarifs relativement plus favorables aux matières premières qu'aux produits qui en sont fabriqués, par exemple au blé qu'à la farine [3]. Dans chaque espèce, après une appréciation minutieuse des faits, la commission cherche à faire prévaloir l'égalité du traitement entre chaque expéditeur et à imposer aux compagnies une stricte impartialité vis-à-vis de leurs clients. A cet égard, si l'on ne consulte que les tarifs officiels des compagnies, on peut dire que la loi de 1887 a déjà beaucoup fait pour l'amélioration du régime des transports aux États-Unis ; mais le plus fort reste encore à faire, car les *discriminations* les plus graves sont secrètes, elles se pratiquent par détaxes, fausses classifications, pesages inexacts, contrats occultes, etc., et des expédients de cette nature, très répandus en Amérique et également chers

1. Affaire *Chamber of commerce of Minnesota versus Great Northern railroad.*
2. Affaire *Heard versus Georgia railroad.*
3. Affaire *Bates versus Pennsylvania railroad.*

aux grands industriels et aux compagnies, sont fort difficiles à prouver en justice.

La troisième des dispositions essentielles de l'*Interstate commerce act*, c'est la prohibition des *pools*. Ici la question d'interprétation ne pouvait donner lieu à grande difficulté. Seulement, ici encore, la loi a en grande partie manqué son but, car les *pools*, comme les anciens *trusts* proscrits en 1890, n'eurent qu'à changer de nom et à modifier un peu leur organisation pratique pour subsister en secret; la conséquence a été seulement de rendre un peu plus difficile la formation des *pools* nouveaux, et plus instable que jamais le fonctionnement de ces associations de trafic.

On voit que, dans l'ensemble, le résultat pratique de l'institution de l'*Interstate commerce commission*, sans être négligeable, est jusqu'à présent resté assez médiocre. La loi de 1887 a eu surtout un effet moral et préventif; son existence pure et simple est un *quos ego* perpétuel suspendu sur la tête des compagnies; ses applications sont en règle générale d'un excellent exemple, mais ne portent que sur des points particuliers et trop restreints d'un régime commercial dont les pouvoirs publics avaient entendu réformer les bases arbitraires et les procédés oppressifs. Ce qui explique pour partie l'inefficacité relative de l'*Interstate commerce act*, c'est l'insuffisance des pouvoirs dont la commission est armée pour la répression des faits illégaux qui lui sont déférés. Le texte primitif de 1887 accordait simplement aux intéressés, dans le cas de violation de la loi, une action civile pour réparation du dommage causé, procédé qui était manifestement inapplicable. Un acte complémentaire du 2 mars 1889 institua des pénalités assez sévères contre les délinquants, et donna à la commission le droit de s'adresser aux Cours de circuit pour obtenir l'exécution forcée de ses décisions au cas de désobéissance de la part des compagnies : seulement il arriva que, bien que les décisions de la commission fissent foi devant les Cours de justice, celles-ci s'arrogèrent presque toujours le droit de juger l'affaire au fond. La commission en est à demander aujourd'hui que ses décisions aient au moins la même valeur que des rapports d'experts (*reports of masters in chancery*), c'est-à-dire ne puissent être infirmés que dans certains cas spéciaux, et limitent dans chaque espèce la compétence des Cours de justice au cadre même des faits qu'ils exposent devant elles.

17

L'*Interstate commerce law* a été, lors de sa naissance, attaquée avec la dernière violence par les compagnies de chemins de fer et leurs partisans, qui ne se lassèrent de prédire au pays la ruine prochaine de la première industrie nationale. Ces critiques s'atténuèrent peu à peu devant l'esprit de modération et l'impartialité reconnue de la commission. Il en est resté néanmoins aujourd'hui dans le monde des *railroads* une défiance sourde pour le présent et une inquiétude générale pour l'avenir. On fait remarquer avec justesse que les chemins de fer sont actuellement la seule industrie réglementée sans être protégée par la législation. On accuse la loi de 1887 d'avoir été faite trop vite et sans connaissance des faits. On se plaint que la commission ne tienne aucun compte des conditions pratiques du service et des nécessités commerciales de l'exploitation. Ce qui est vrai, c'est que la prohibition des *pools* a fait plus de mal que de bien ; c'est que la loi nouvelle tend à accroître les tarifs de transit, et qu'appliquée sans mesure, elle rendrait singulièrement incertaine la fortune économique des régions éloignées des grands marchés de consommation ; c'est enfin que le régime actuel accentue l'inégalité et la concurrence entre les

compagnies, et accélère ainsi la ruine des moins
favorisées, de celles qui manquent de trafic local.
En revanche, les tentatives de réglementation
fédérale, jointes .à la crise si terrible de l'année
1893, ont sans doute contribué à ramener dans
une certaine mesure aux chemins de fer les
faveurs de l'opinion publique. Ainsi, en ce moment, tout le monde paraît s'entendre aux États-
Unis pour demander la légalisation du *pooling*[1],
qu'on voulait prohiber à toute force il y a dix ans;
le public comprend et apprécie mieux aujour-
d'hui les deux faces du *railroad problem*, et commence à s'apercevoir qu'il est de bonne politique
de s'intéresser lui-même à la situation économique et financière des compagnies.

Somme toute, les États-Unis n'ont pas trop à
se plaindre de la législation fédérale actuelle
concernant les chemins de fer. Le mécanisme
organisé en 1887 ne fonctionne pas encore sans
quelque résistance; mais une fois la période des
tâtonnements passée, ce frottement initial s'adou-
cira de lui-même. La compétence supérieure,
l'esprit de justice et la haute impartialité des
membres de la commission de Washington sem-

---

1. Un *bill* dans ce sens a été voté par la chambre des
représentants en décembre 1894.

blent garantir que l'*Interstate commerce law* sera
toujours appliquée avec mesure et prudence, pour
le plus grand profit de la communauté, et sans
danger sérieux pour les compagnies de chemins
de fer. Ce n'est point, à la vérité, du régime légal
que viennent les difficultés financières et économiques avec lesquelles nous voyons aujourd'hui
les *railroads* aux prises ; elles sont la conséquence inévitable des excès de la construction,
de la concurrence et de la spéculation. Tout porte
à croire que le problème présent du régime des
chemins de fer aux États-Unis ne constitue pas
une question de législation, mais une question
de mœurs industrielles et commerciales ; le
Congrès, et la Commission qui le représente,
pourront préparer et faciliter la réforme des
abus dont le pays souffre aujourd'hui, mais
l'opinion publique seule pourra la consommer.

Administratif en France, parlementaire en
Grande-Bretagne, le contrôle de l'autorité publique sur les chemins de fer a assumé aux États-
Unis la forme judiciaire. Il est né, non pas d'une
convention préalable et préventive, mais de
l'exercice indépendant du pouvoir souverain de
la nation. La *railroad regulation* en Amérique
est le contraste vivant de notre *dry-nursing*, de

notre « paternalisme » administratif et légal : son but n'est point de substituer ni même de donner le premier essor à l'initiative individuelle, mais seulement d'en corriger les abus, d'en réprimer les excès ; elle pose des règles générales et laisse à l'esprit pratique du peuple entier le soin d'en assurer l'application ; elle provoque les réformes plutôt qu'elle ne les accomplit.

17.

CHAPITRE IV

Faillite et reconstitution des Compagnies.

L'étude des faillites des chemins de fer aux États-Unis offre un intérêt tout particulier et actuel, tant à cause du grand nombre des compagnies aujourd'hui insolvables, qu'en raison de l'importance des intérêts atteints. Un tiers des lignes ferrées de l'Union nord-américaine est à l'heure présente aux mains d'administrateurs judiciaires, et dans la seule année 1893 la longueur des lignes tombées en faillite a été de près de 52 000 kilomètres.

Un principe général domine aux États-Unis la question de la faillite [1] des compagnies de che-

---

1. Le mot de faillite, *failure*, n'est pas, en matière de chemins de fer, l'expression juridique; on s'en sert seulement comme d'un terme générique dans le langage courant. Sur le sujet des faillites et des réorganisations, voir

mins de fer : c'est que jamais l'exploitation des lignes ne doit être arrêtée, et qu'une entreprise tombée en faillite doit en tout état de cause être reconstituée le plus promptement possible. A cet effet, dès qu'une compagnie de chemins de fer devient insolvable, les créanciers recourent le plus souvent, avant toute mesure d'exécution, à une procédure spéciale, provisoire et conservatoire, dite *receivership* (sorte de séquestre judiciaire). Nous aurons donc à étudier successivement cette procédure du *receivership*, puis les voies d'exécution, correspondant à notre saisie immobilière, qui sont ouvertes aux obligataires hypothécaires impayés, enfin la réorganisation des entreprises insolvables.

La mesure temporaire dite *receivership* est aujourd'hui appliquée en Amérique à toute compagnie de chemins de fer un peu importante qui vient de cesser ses paiements : ce n'est autre chose que la mise *in custodia legis* d'une entreprise en état de faillite. En attendant le règlement des intérêts en souffrance, il est essentiel de veiller à la conservation des propriétés de la

C.-F. Beach, *Commentaries on the laws of receivers*, New-York, 1887. — Du même, *The modern law of railways*, San Fransisco, 1890. — L.-A. Jones, *Corporate bonds and mortgages*, Boston et New-York, 1891.

compagnie pour protéger les droits de tous les intéressés, de continuer l'exploitation, et de prévenir enfin le démembrement du réseau. Telle est la raison d'être du *receivership*, lequel consistera à retirer aux actionnaires l'administration de la compagnie, à la remettre aux mains des cours de justice, et à faire gérer et exploiter l'entreprise, aux frais des propriétaires, par un administrateur judiciaire dit *receiver*.

Ce sont les Cours « d'équité » qui ont compétence pour recevoir les demandes en nomination de *receiver*. D'une manière générale, cette mesure, dont l'application est laissée au pouvoir discrétionnaire de la Cour, est prononcée, au cas de cessation de paiement, s'il y a conflit d'intérêts entre les créanciers, si l'exercice des droits hypothécaires spéciaux menace d'amener le démembrement du réseau, ou si la garantie accordée au débiteur est devenue insuffisante [1]. La Cour jouit d'une liberté absolue dans le choix du *receiver*, ou des *receivers*, car elle en nomme parfois deux ou trois, qui forment une sorte de conseil d'administration judiciaire et sont chargés de représenter des intérêts diffé-

---

1. Un jour, la compagnie du *Wabash* a même demandé de son propre mouvement à être pourvue d'un *receiver*.

rents; elles les choisissent parmi les hommes de loi ou les *railroad men* expérimentés. Depuis quelques années, les Cours ont tendance à prendre au moins l'un des *receivers* parmi les administrateurs de la compagnie; cette pratique est déplorable lors même qu'elle semble justifiée par l'honorabilité de la gestion passée [1], car il est avant tout indispensable de changer dans l'administration de l'entreprise une ligne de conduite qui s'est montrée néfaste.

Une fois nommé, le *receiver* prend possession et exploite. Sa nomination ne touche en rien aux droits et privilèges des divers créanciers qu'elle a précisément pour objet de protéger; la compagnie continue d'exister, seulement l'administration en passe provisoirement au *receiver*. Celui-ci gère sous le contrôle et sous la direction de la Cour, n'ayant de droits que ceux qu'elle lui a délégués; il est l'agent de l'autorité judiciaire, il la représente dans les détails du service, et lui en réfère pour tous les actes importants, contrats à passer ou à résilier, paiements d'intérêts à opérer ou à suspendre, etc. Les pouvoirs mêmes de la Cour sont limités à la conservation

---

1. Ce qui n'est pas toujours le cas; il y a eu, récemment encore, de nombreux abus à cet égard.

des propriétés de la compagnie et à l'exploitation
des lignes; mais la jurisprudence tend à élargir
de plus en plus le cercle de ces attributions pri-
mordiales. Comme il est de principe que l'exploitation ne doit jamais être arrêtée, les dépenses
de salaires et d'approvisionnements devront être
payées avant toutes les autres; d'ailleurs le
receiver apportera dans le service toutes les
économies qui seront compatibles avec le bon
entretien du réseau. En ce qui concerne les
lignes louées, les baux seront sanctionnés s'ils
sont profitables à la compagnie; sinon, ils seront
discontinués par le non-paiement des redevances. La Cour pourra ordonner, pour le
paiement de certaines dépenses spécialement
déterminées, l'émission de *certificates* qui auront
d'ordinaire un droit de priorité sur les autres
dettes de la compagnie. Toutes les réclamations
des tiers, soulevées, par exemple, par l'exécution de certaines dépenses, l'émission de *certificates*, le paiement de redevances aux lignes
louées — ces réclamations sont très fréquentes,
— devront être adressées, non pas au *receiver*,
mais à la Cour, qui en jugera seule. Le *receiver*
rend périodiquement compte à la Cour, et, lorsque sa gestion viendra à cesser, il dressera le

compte général de ses opérations, qui sera
apuré par elle. La Cour fixe aussi son traitement; c'est toujours une mesure fort coûteuse
pour une compagnie que celle du *receivership*,
tant par suite des frais généraux qui sont d'ordinaire très lourds, qu'en raison de la charge des
receiver's certificates qui retombe sur la société.

Examinons maintenant quelles sont, d'après
la « loi commune » ou l' « équité », et selon la
teneur habituelle des actes d'emprunt, les voies
de recours et d'exécution ouvertes aux porteurs impayés d'obligations hypothécaires. Ces
moyens de *foreclosure* (exercice du droit hypothécaire par éviction du débiteur) sont au
nombre de trois : le *writ of entry and possession*,
le *sale under power*, qui relèvent tous les deux
de la « loi commune » et sont d'une application
très rare aujourd'hui, enfin l'action en *foreclosure* proprement dite selon l' « équité ». Le plus
souvent ces voies de recours ne seront ouvertes
qu'après un délai, un *moratorium* réservé par
les actes d'hypothèque et variant en général de
six mois à un an [1].

---

1. L'emprunt de seconde hypothèque *consolidated* de l'*Erie*
ne peut donner lieu à *foreclosure* qu'après défaut à six
échéances successives, soit après trois ans: mais cela est

L'exécution des poursuites appartient en principe au *trustee*, représentant des obligataires et détenteur de l'acte d'hypothèque. Il est stipulé souvent que le *trustee* pourra agir à la demande d'un quart ou d'un tiers des obligataires, et devra le faire à la demande de la moitié d'entre eux ; d'ailleurs, sauf convention contraire, un seul obligataire pourrait entamer la procédure, en cas de refus ou de négligence du *trustee*, au nom de tous. De même, les actes d'hypothèque portent d'ordinaire qu'après défaut sur les intérêts à deux échéances successives, le *trustee* pourra ou devra, selon les cas, déclarer exigible le capital même de l'emprunt.

La procédure de l'*entry and possession*, appelée encore *strict foreclosure*, n'appartient qu'aux créanciers hypothécaires et non aux simples créanciers gagistes ; elle est introduite devant les *courts at law* et aboutit à l'éviction du débiteur. Une fois en possession des lignes hypothéquées, le *trustee* devra exploiter et sera soumis à toutes les obligations et responsabilités des *common carriers* : cela, jusqu'au remboursement intégral de la dette.

exceptionnel et montre seulement que l'examen des *trust deeds* est souvent utile.

Le second mode de poursuites, dit *sale under power*, est la vente aux enchères publiques des biens donnés en garantie, sur arrêt (*decree*) de la Cour de justice et après délai de trois mois. Ces deux premières voies d'exécution ne sont pour ainsi dire jamais plus employées aujourd'hui, parce que la procédure y est trop sommaire, les conflits d'intérêts trop mal réglés, et, dans le second cas, la vente trop défavorable.

Le procédé actuellement en usage est l'action en *foreclosure* proprement dite, portée devant la Cour de justice en « équité », assez analogue à notre saisie immobilière, et aboutissant, non sans d'assez longs délais par la force des choses, à un arrêt ordonnant la vente (*decree of foreclosure and sale*). Lorsque plusieurs emprunts hypothécaires de rangs successifs sont en défaut en même temps, l'action est introduite par le *trustee* de l'un d'entre eux, les autres étant ensuite appelés comme parties jointes ; quant aux obligataires antérieurs qui ont régulièrement touché leurs intérêts, ils n'ont à intervenir que pour la vente ou pour l'action en *receivership*, la vente ne pouvant avoir lieu que sous réserve de leurs droits. Ce sont en général les obligataires impayés qui rachètent eux-mêmes les lignes

18

données en hypothèque, dans le but de former une nouvelle compagnie pour relever l'entreprise, et en assumant toutes les charges qui auraient la priorité sur leurs créances propres ; ils donnent alors en paiement les titres mêmes qui sont en souffrance.

Lorsqu'une grande compagnie vient à cesser ses paiements, les créanciers impayés arrivent souvent à reconstituer l'entreprise, sans recourir aux moyens d'exécution que nous venons de passer en revue, en concluant avec la compagnie débitrice un concordat. La *foreclosure* a en effet pour résultat de démembrer le plus souvent les grands réseaux, et d'enlever aux compagnies nouvelles les privilèges dont la compagnie primitive pouvait jouir en vertu de sa charte de concession ; d'autre part, les obligataires ne se soucient parfois pas de se voir transformés en actionnaires par la *foreclosure* ; enfin, dans certains cas, des créanciers ayant intérêt à empêcher la vente des lignes, peuvent retarder indéfiniment la procédure par des demandes de délais, des actions incidentes, des appels successifs, etc. On tentera donc toujours, pour les grandes compagnies du moins, la « réorganisation », et c'est là le rôle des « comités d'obligataires », qui se constituent immédiatement après le défaut survenu, à la requête d'un certain nombre de porteurs, et sous les auspices des banquiers au courant des affaires de la compagnie, pour rechercher les moyens de protéger les droits de chaque classe d'obligataires. Ces comités fonctionnent d'ordinaire d'une façon assez efficace; ils sollicitent l'adhésion des intéressés en les priant de déposer leurs titres contre reçus ou contre certificats dans une compagnie de *trust*. Leurs membres se recrutent dans un petit groupe de banquiers et d'hommes d'affaires qu'on retrouve toujours à la tête des réorganisations d'entreprises industrielles aux États-Unis.

La reconstitution par concordat d'une compagnie de chemins de fer ne peut avoir lieu que par la coopération de tous les intéressés, actionnaires, obligataires impayés des différentes classes d'emprunts et créanciers divers (dette flottante); les sacrifices réciproques qu'on demande aux parties sont inversement proportionnels aux rapports de préférence ou de priorité existant entre elles. D'une manière générale, dans toute réorganisation, il faut d'abord assurer le remboursement des dettes arriérées; puis, pour l'avenir, il faut réduire les charges fixes au niveau de la productivité annuelle minimum de l'entreprise.

En premier lieu, les intérêts arriérés sur les emprunts seront d'ordinaire consolidés; quant à la dette flottante, on la remboursera le plus souvent sur le produit d'un *assessment*, c'est-à-dire d'une contribution en argent que s'engageront à payer les actionnaires, et pour laquelle ils recevront un titre faisant partie d'un emprunt nouveau. Lorsque certains obligataires, pour une cause ou pour une autre, n'ont pas la possibilité de recourir à une action en *foreclosure*, on en profite pour leur demander parfois à eux-mêmes un *assessment*; alors un syndicat se forme pour payer les contributions de ceux qui refuseraient d'adhérer à la réorganisation.

En second lieu, pour réduire les charges fixes de l'entreprise, on recourt souvent à un *blanket mortgage*, c'est-à-dire à un emprunt hypothécaire général qui sert à convertir, par voie d'échange de titres, les anciens emprunts spéciaux impayés en un fonds portant un intérêt moindre; la conversion se fait à un cours tel que les obligataires puissent retrouver dans l'avenir la compensation de leur sacrifice par l'accroissement de leur capital. La réduction des intérêts peut encore se

faire dans chacun des fonds en souffrance, sans
recourir à une fusion de ces différents emprunts.
Enfin un autre procédé est la création, par
mesure de transaction, d'*income bonds* livrés aux
obligataires en remplacement de leurs anciens
titres. Mais ce n'est pas tout; il faudra en même
temps pourvoir d'une manière suffisante aux
besoins que la négligence de l'entretien des
lignes fera apparaître dans les premiers temps
de l'exploitation nouvelle; à cet effet, on émettra
une certaine quantité de titres du nouveau
blanket mortgage; ou bien, comme il est impossible d'émettre des *income bonds* sur le marché,
on créera une hypothèque nouvelle qui aura préférence sur ceux-ci; parfois enfin, on recourra
pour partie à un *assessment*.

Les négociations se poursuivent ainsi entre
les divers comités d'obligataires, ou le « comité
général de réorganisation » qui les remplace, et
les administrateurs et actionnaires de la compagnie. Lorsque les parties en présence ont réussi
à s'entendre sur un « plan de réorganisation »,
ce projet de convention est soumis à la fois à
tous les intéressés et à la Cour de justice; le
« plan » sera déclaré *operative*, en vigueur, si,
la Cour lui ayant donné son approbation, il reçoit

18.

l'assentiment de la majorité de chaque catégorie d'intéressés; alors le *receiver* sera déchargé de ses fonctions. Telle est la marche habituelle des négociations par lesquelles ont été résolues, depuis une dizaine d'années, la plupart des faillites des compagnies importantes de chemins de fer en Amérique.

On ne saurait nier que cette méthode de réorganisation des compagnies insolvables ne soit, dans l'ensemble, pratique et efficace; *it works*, c'est le principal, et, en Amérique, les voyageurs et les expéditeurs de marchandises ne s'aperçoivent même pas dans le service qu'une compagnie est tombée en faillite ou a été reconstituée. Maintenant, l'examen des réorganisations récentes de quelques grandes compagnies attire les observations suivantes. Tout d'abord, c'est chose fort préjudiciable aux intérêts de tous que les dissentiments qui surgissent parfois entre les divers comités d'obligataires, et qui amènent dans la marche de la procédure des lenteurs sans fin. En ce qui concerne les conditions mêmes des concordats, nous voyons que la plupart du temps l'intérêt des actionnaires y est favorisé d'une façon vraiment scandaleuse, étant donné que les actions des compagnies faillies sont en général les plus *watered* de toute l'Amérique, et qu'elles ont reçu parfois des dividendes fictifs considérables. Il serait souvent nécessaire, semble-t-il, d'exclure complètement ces actions, ou de leur imposer une contribution élevée, une sorte d'appel de fonds, qui justifiât de leur maintien dans l'entreprise et de leur intérêt dans la compagnie nouvelle. De plus, l'administration de l'entreprise est d'ordinaire remise aux mains mêmes de ceux qui précédemment l'ont déjà conduite à la ruine, ce qui laisse les obligataires sans aucune garantie de bonne gestion pour l'avenir. D'autres fois, la réduction des charges fixes est insuffisante, ou bien il n'est pas pourvu aux besoins nouveaux, de telle sorte que l'entreprise, à peine reconstituée, est infailliblement condamnée à une seconde faillite : c'est ce qui s'est passé pour la réorganisation de l'*Erie* en 1878 et pour celle de l'*Atchison* en 1889. Enfin, dans un grand nombre de cas, surtout quand la faillite a été amenée par des constructions et acquisitions trop rapides de lignes subsidiaires, il n'eût peut-être pas été mauvais de démembrer le réseau par une *foreclosure*, de manière à en séparer une fois pour toutes les lignes mauvaises, improductives et coûteuses.

CHAPITRE V

Concours financier des autorités publiques.

On ne saurait dire que ç'ait été un fait très exceptionnel ou particulièrement anormal aux États-Unis que les subventions allouées aux compagnies de chemins de fer par les autorités publiques. Malgré la force d'initiative et l'esprit d'association qui caractérisent le peuple américain, on conçoit que l'immensité du territoire, la longueur des lignes à construire, les risques spéciaux des entreprises de voies ferrées, aient suffi à légitimer, dans le régime des chemins de fer, une intervention financière des représentants des intérêts locaux ou généraux de la nation. Mais, d'une part, les États, les villes et les

comtés ont d'ordinaire seuls fourni de ces subventions ou de ces avances, l'autorité fédérale
n'ayant apporté son concours aux compagnies
que dans un cas particulier, celui de la construction de la première ligne transcontinentale ; ces
allocations ne représentent en bloc qu'une
somme assez faible — le chiffre exact n'est pas
connu — dans le capital total des *railroads*.
D'autre part, on peut dire d'une manière générale
que les États-Unis n'ont guère eu à se louer de
leurs tentatives d'intervention financière des autorités publiques dans la construction ou l'exploitation des voies ferrées. Une fortune étrange et
ironique a voulu que ces expériences européennes fussent, en Amérique, presque toujours
privées de succès, ou n'aboutissent qu'à enrichir,
aux dépens de la communauté, l'ambition de
quelques spéculateurs, et il est permis de croire
que la participation des États et des administrations locales a été finalement aussi nuisible à
l'intérêt bien entendu des compagnies qu'à l'intégrité des mœurs politiques de la nation. C'est
ce que nous voudrions montrer par quelques
exemples.

Les localités d'abord — villes, *townships* et
comtés — sont souvent venues en aide aux

compagnies, surtout dans les premiers temps de la construction du réseau. A vrai dire, les subventions locales n'étaient pas toujours allouées bénévolement par les intéressés, et on a pu voir fréquemment les compagnies américaines lever de véritables contributions de guerre sur les districts et les villes qu'elles consentaient à favoriser dans leurs tracés de construction. D'autres fois, au contraire, les municipalités accordaient d'elles-mêmes et très libéralement leur appui aux entreprises de chemins de fer dont elles comptaient tirer un avantage matériel pour leur industrie et leur commerce ; ainsi la ville de Baltimore est longtemps restée l'un des principaux actionnaires du *Baltimore and Ohio railroad*, et c'est par un motif de pure indépendance que la compagnie a tenu à racheter ses actions en 1893, s'affranchissant ainsi du contrôle étranger d'administrateurs nommés par des corps politiques. Voici un trait bien caractéristique : il a été jugé en Californie que la législature de l'État pouvait légalement obliger les municipalités à voter des subventions aux chemins de fer. Rapidement gaspillées par ceux qui en bénéficiaient, toutes ces allocations, dont l'emploi ne donnait d'ailleurs lieu à aucun contrôle, ne servaient le plus souvent qu'à alimenter les combinaisons d'habiles aventuriers d'industrie. En présence des excès sans nombre suscités par la pratique abusive du *municipal aid*, les Constitutions ou amendements aux Constitutions d'un grand nombre d'États ont formellement interdit aux localités d'allouer des subventions aux compagnies[1], ou tout au moins en ont subordonné le pouvoir à un vote préalable des électeurs consultés dans une sorte de *referendum*[2] : aujourd'hui le mal a en grande partie disparu.

Les États, de leur côté, ont trop souvent suivi l'exemple des autorités locales. Parfois, à titre exceptionnel, ils ont d'abord construit eux-mêmes certains tronçons de lignes : le *Philadelphia and Columbia*, qui forme aujourd'hui l'un des éléments essentiels du *Pennsylvania railroad*, est l'œuvre de l'État de Pensylvanie; le Massachusetts a entrepris une partie de la ligne de Troy à Greenfield, qui est aujourd'hui le *Fitchburg*, et l'Illinois, après avoir construit au prix d'un million de dollars une voie ferrée

---

1. New-Hampshire, New-York, New-Jersey, Pennsylvania, Ohio, Indiana, Illinois, Wisconsin, Arkansas, Texas, California, Oregon, Colorado, Georgia, Alabama, Louisiana, Florida.
2. Nebraska, Missouri, Tennessee.

entre Meredonia et Springfield, l'a revendue
pour cent mille à la compagnie du *Wabash*. Mais
la méthode des avances en argent a été, comme
pour les localités, de beaucoup la plus répandue,
surtout dans les États du sud, qui ont tous
éprouvé des pertes considérables de ce fait; la
Louisiane s'y est ruinée jusqu'à la faillite, et
partout un régime de corruptions éhontées et de
malversations criminelles s'est montré, en Amérique, l'inévitable conséquence des vices fonda-
mentaux du système des subventions.

Enfin l'autorité fédérale elle-même n'a pas
craint de donner une fois son concours financier
aux chemins de fer, et si nous demandons ici
la permission d'insister un peu sur les rapports
entre le Congrès et la première ligne transcontinentale, c'est que nous y trouvons la meilleure
preuve de l'inutilité et des dangers de l'intervention financière des pouvoirs publics américains
dans le régime des voies ferrées.

Dès 1862, en pleine guerre de Sécession, le
gouvernement fédéral et le parti républicain tout
entier s'associèrent dans la conception d'une
grande œuvre nationale. Il s'agissait d'assurer
l'unité et l'intégrité du territoire par la création
d'une grande ligne de chemin de fer qui joignît

la Californie aux États de l'est, mettant San Francisco en communication directe avec New-York, le Pacifique avec l'Atlantique. Certes l'entreprise était difficile autant qu'audacieuse et belle : les déserts du *Far West*, les hauts plateaux du Névada, la double chaîne des Rocheuses et de la Sierra, offraient aux ingénieurs des obstacles jusqu'alors inconnus, et d'autre part les intérêts militaires, les exigences commerciales et les nécessités politiques faisaient ressortir chaque jour avec plus d'évidence les avantages d'un projet qui dès l'abord avait séduit le président Lincoln. Jamais l'intervention des pouvoirs publics n'eût semblé pouvoir se justifier plus légitimement : voyons donc quelles ont été les formes et les conséquences du concours financier de l'autorité fédérale en cette circonstance.

Le plan général de l'entreprise fut posé par la loi du 1er juillet 1862. Deux compagnies reçurent la concession d'une voie ferrée allant d'Omaha, sur le Missouri, point extrême que les chemins de fer eussent alors atteint vers l'ouest, à San Francisco ou plutôt à la rivière Sacramento ; ce furent le *Central Pacific railroad*, amorcé déjà à l'ouest des Montagnes Rocheuses, et, sur le versant oriental, l'*Union Pacific railway*, compagnie nouvellement créée qui reçut sa *charter* de l'acte même du 1er juillet; les deux lignes devaient se rejoindre en un point à déterminer ultérieurement. En plus de concessions de terres considérables, la loi accordait aux deux compagnies des avances sous forme d'obligations à raison de 16 000 dollars par mille de ligne; la quotité de ces avances était portée à 48 000 dollars par mille pour la traversée des Montagnes Rocheuses et celle de la Sierra Névada, et à 32 000 dollars par mille pour toute la distance comprise entre ces deux chaînes de montagnes; les versements devaient être faits par fractions après achèvement de chaque section de 40 milles de ligne. Ces avances, portant intérêts à 6 p. 100 et remboursables en trente années, étaient garanties par une première hypothèque sur la ligne nouvelle. Les compagnies étaient provisoirement dispensées du paiement des intérêts; pour en tenir lieu, elles s'engageaient à verser annuellement au Trésor une somme de 5 p. 100 de leurs recettes nettes, tandis que le gouvernement fédéral devait retenir, pour l'appliquer de même à la liquidation des intérêts courus, le total des sommes dues par lui aux deux compagnies pour transports de troupes, d'espèces mon-

nayées et de marchandises. Dès l'année 1864, le
Congrès consentit d'ailleurs à payer en argent la
moitié du prix de ses expéditions, et, pour permettre aux compagnies de se procurer plus aisément le complément des capitaux qui leur étaient
nécessaires, à transformer son hypothèque de
premier rang en hypothèque de second rang,
sous la condition formelle que le montant de
l'emprunt de première hypothèque à contracter
ne dépasserait pas une somme égale au montant
même de la dette des compagnies envers l'Union.
Telles sont, résumées le plus brièvement possible, les dispositions générales adoptées par le
Congrès relativement aux subsides à allouer à la
première ligne transcontinentale. Malgré les difficultés techniques exceptionnelles que les ingénieurs eurent à résoudre [1], malgré la rareté de la
main-d'œuvre, à laquelle on dut subvenir par un
embauchage général d'ouvriers chinois, les travaux de construction furent de part et d'autre
poussés fort activement; dès 1869, les 3000 kilomètres de ligne qui séparent Omaha de San

1. Parmi les ouvrages d'art les plus remarquables des ingénieurs de l'*Union Pacific*, on cite surtout le viaduc métallique
courbe et le *big loop* de Georgetown, sur un embranchement
du Colorado. C'est ce *big loop* qui fait dire aux Américains :
« Là où vont les mulets, les locomotives vont aussi. »

Francisco étaient achevés, et, le 10 mai de cette
année-là, la première ligne transcontinentale
américaine fut solennellement inaugurée par le
président Ulysse Grant à Promontory point, un
peu au nord du Grand Lac Salé, où s'étaient
rejointes les deux compagnies. L'*Union Pacific*
avait reçu 27 236 512 dollars du gouvernement
fédéral, et le *Central Pacific*, 27 855 680 dollars.

De garanties spéciales de solvabilité et de
capacité, les pouvoirs publics n'en avaient exigé
aucune des concessionnaires ; de contrôle, la loi
de 1862 n'en organisa pas davantage ; aussi n'y
eut-il pas lieu de s'étonner quand on vit dans quelles
mains étaient tombés les subsides du gouvernement national. Rappelons, d'après M. Hudson[1],
l'histoire des commencements du *Central Pacific
railroad*. Les concessionnaires de la ligne ne
disposaient ensemble que de la modique somme
de 195 000 dollars ; grâce à deux avances, montant ensemble à 550 000 dollars, faites par la
ville de Sacramento et le comté de Placer, ils
purent construire une section de quelques milles
de voie ferrée, qui leur permit de demander au
gouvernement un premier subside de 848 000 dol-

1. James F. Hudson, *The railways and the republic.*

lars ; c'est en répétant chaque fois cette manœuvre qu'ils arrivèrent à terminer le *Central Pacific*, dont le capital s'enfla peu à peu du chiffre originaire de 195 000 dollars à la somme énorme de 120 millions de dollars. Le rapport officiel d'une commission d'enquête sénatoriale a évalué le prix de revient réel du *Central Pacific* à 58 millions de dollars, soit moins de la moitié du capital nominal de la compagnie ; le coût réel de l'*Union Pacific* serait, d'après le même rapport, de 50 720 000 dollars, en regard d'un capital de 109 millions de dollars. « Tout le monde sait, dit M. Hudson, que le capital-actions de ces compagnies ne représente pas un seul dollar de versement effectif ; qu'une grosse portion du capital-obligations est allée dans la poche des fondateurs de l'entreprise, par l'effet de contrats passés pour la construction des lignes au double ou au triple du prix réel ; que les travaux eussent pu être payés presque en totalité sur les seuls subsides du Congrès.... » Le *watering* du capital-actions, la fiction des sociétés de construction, ont occasionné aux États-Unis des abus trop fréquents dans la période d'*inflation* qui suivit la guerre de Sécession, pour que nous prétendions soutenir ici que les scandales qui ont signalé la construction de la première ligne transcontinentale soient exclusivement imputables au fait de l'intervention financière du gouvernement fédéral. Il n'en est pas moins vrai que cette circonstance, toute aggravante qu'elle fût, a largement favorisé les agissements d'un trop grand nombre de financiers peu scrupuleux.

Les premières années de l'exploitation de l'*Union Pacific* et du *Central Pacific* ne laissèrent pas de donner des résultats assez satisfaisants, et en 1873 le *Central Pacific* put distribuer sur ses actions un premier dividende de 3 p. 100. Néanmoins, dès cette époque, le gouvernement de Washington se préoccupait d'assurer d'une façon plus efficace le remboursement de ses avances. Les versements effectués par les compagnies débitrices étaient, à la vérité, tout à fait insuffisants pour couvrir les seuls intérêts, à plus forte raison l'amortissement de leur dette, d'autant plus que les compagnies, interprétant à leur façon l'acte de 1862, payaient leur contribution annuelle de 5 p. 100 sur leurs bénéfices nets au lieu de la calculer sur les recettes nettes comme l'exigeait la loi : ces bénéfices nets étaient naturellement minimes. Cette difficulté d'interprétation des mots *net earnings* fut l'origine de la loi du 7 mai 1878, dite *Thur-man act*, qui décida que les recettes nettes de chaque année seraient calculées en déduisant des recettes brutes totales les dépenses d'exploitation et l'intérêt de l'emprunt de première hypothèque, c'est-à-dire les seules charges qui vinssent en priorité sur la créance fédérale. L'acte nouveau créait de plus un fonds d'amortissement qui devait recevoir chaque année la moitié du prix des transports effectués par les compagnies pour le service du gouvernement — l'autre moitié restant affectée à l'atténuation des intérêts, — ou telle somme qui pourrait être nécessaire pour porter au quart des recettes nettes le montant total des versements faits par les compagnies sous l'empire des deux lois de 1862 et de 1878. Attaqué devant la Cour suprême, le *Thurman act* fut reconnu constitutionnel, et les deux compagnies durent bientôt se soumettre aux exigences du Congrès : mais leurs relations avec l'autorité fédérale en sont depuis lors restées assez tendues. D'ailleurs les contributions nouvelles imposées aux compagnies ne se montrèrent elles-mêmes pas suffisantes pour payer les intérêts annuels de l'avance fédérale, et la créance de l'Union continua de grossir comme par le passé jusqu'au chiffre actuel de 108 millions de dollars.

C'est à partir de l'année 1880 que la situation financière des deux compagnies commença à empirer, devenant de jour en jour plus critique. Des concurrences nouvelles vinrent peu à peu enlever du trafic à la première ligne transcontinentale, et faire baisser les tarifs de transport[1]. Dès 1881, le *Southern Pacific* mettait San Francisco en communication directe avec la Nouvelle-Orléans; l'année suivante, le *Denver and Rio Grande railroad* ouvrait à l'exploitation une ligne traversant les Montagnes Rocheuses, d'Ogden, tête de ligne de l'*Union Pacific*, à Denver, dans le Colorado, où elle rejoignait le *Chicago Burlington and Quincy railroad* venu de Chicago. Enfin l'année 1883 vit l'achèvement de deux nouvelles lignes dites « pacifiques », l'une septentrionale, le *Northern Pacific*, l'autre méridionale, l'*Atlantic and Pacific*, lequel fait partie maintenant du réseau de l'*Atchison*. Une pareille surproduction de voies ferrées devait nécessairement réduire les recettes des deux plus anciennes compagnies dans une large mesure. Le *Central Pacific* supporta le plus vaillamment l'épreuve,

---

1. En 1894, les tarifs de l'*Union Pacific* étaient descendus au quart de ce qu'ils étaient vingt-cinq ans auparavant.

grâce à son alliance avec le système puissant du *Southern Pacific*, qu'il prit d'abord à bail, puis par lequel il fut pris à bail en 1885 après la formation de la *Southern Pacific Company*. Mais dès l'année 1885 cessèrent les beaux dividendes payés presque sans interruption depuis 1873 ; à partir de 1888, les maigres bénéfices réalisés annuellement s'élevèrent à peine à 2 p. 100 du capital-actions, pour disparaître complètement en 1893. La créance fédérale sur le *Central Pacific*, qui montait au 30 juin 1894, en capital et intérêts, à la somme nette de 56 974 834 dollars, déduction faite du fonds d'amortissement, vient à échéance à des époques échelonnées de 1895 à 1899 ; la compagnie n'a aucune réserve, aucune provision pour faire face au remboursement de cette dette que garantit seulement son hypothèque de deuxième rang. L'*Union Pacific* fut beaucoup moins heureux encore. Menacée dans sa productivité par des concurrences locales très actives, cette compagnie chercha un moyen de défense dans des extensions et des acquisitions de lignes nouvelles, lesquelles furent effectuées sans prudence, sans jugement, et trop souvent au seul bénéfice de certains intérêts particuliers. Le réseau se prolongea d'abord vers le nord-ouest,

dans l'Idaho et l'Orégon, où la compagnie se
créa une ligne spéciale sur la côte du Pacifique
par l'annexion de l'*Oregon railway and navigation
company*, de l'*Utah Northern* et de l'*Oregon short
line*; puis tout un système de voies ferrées de
montagnes fut construit dans le Colorado, où les
compagnies du *Denver and Rio Grande* et du
Colorado Midland satisfaisaient déjà amplement
au trafic local; enfin la compagnie s'étendit au
sud-est jusqu'au centre du Texas par l'acquisition
du *Denver and Fort Worth* et de l'*Union Pacific
Denver and Gulf*. Une seule de ces multiples
opérations fut profitable à la compagnie, c'est sa
fusion avec le *Kansas Pacific*, qui lui ouvrit la
route de Kansas City et la fit bénéficier d'un certain nombre de lignes d'intérêt local assez rému-
nératrices dans l'État de Kansas [1]. Toutes les
autres spéculations furent ruineuses, et les effets
déplorables ne tardèrent pas à s'en manifester :
la compagnie, qui avait pu payer à ses actionnaires quelques dividendes de 1880 à 1884, fut
obligée de les suspendre, entra bientôt dans le
régime de la dette flottante permanente, et, après

[1]. Le *Kansas Pacific* avait reçu lui-même du Congrès une
subvention de 6 303 000 dollars, ce qui porta à 33 539 512 dollars le capital de la dette de la compagnie nouvelle envers
le gouvernement fédéral.

avoir échappé une première fois à la faillite en 1889 par une émission de *collateral trust bonds* à court terme, tomba définitivement en 1893 entre les mains des *receivers*. Au 30 juin 1894, le montant net de sa dette liquidée envers le gouvernement fédéral s'élevait à la somme de 51 878 917 dollars, venant à terme par périodes échelonnées de 1895 à 1899.

La proximité de l'échéance de la dette des compagnies subventionnées par l'Union met donc aujourd'hui à l'ordre du jour la très brûlante question du remboursement du gouvernement fédéral; ajoutons que la réorganisation de l'*Union Pacific* ne saurait rencontrer quelque chance de succès qu'après le règlement préalable de ce différend. Plusieurs solutions ont été proposées, et un grand nombre de *bills de settlement*, y compris celui qui paraissait devoir satisfaire les intérêts de la plupart des parties, le *Reilly bill*, ont échoué sur les récifs cachés qui bordent le Capitole washingtonien. Les *populists* — ces socialistes malheureux du nouveau monde — demandent que le gouvernement poursuive la *foreclosure* sur l'*Union Pacific* et fasse de ce réseau un chemin de fer fédéral : méthode évidemment impraticable, car il fau-

drait, pour avoir la possibilité de demander la
foreclosure, que l'on remboursât d'abord l'emprunt de première hypothèque; d'ailleurs personne ne se soucie d'augmenter le nombre des
services publics en confiant au gouvernement
l'exploitation d'un chemin de fer. Il faut donc
de toute nécessité que le Congrès se prête un
jour ou l'autre à un compromis, en donnant à
ses deux débiteurs un délai, et peut-être en leur
consentant pour l'avenir une réduction d'intérêts.
Le *Reilly bill* proposait d'étendre la créance fédérale pour une période de cinquante années au
taux de 3 p. 100, à la condition que les compagnies
garantissent leur dette au moyen d'une hypothèque de premier rang, et remboursassent l'ancien emprunt de première hypothèque, partie sur
le *sinking fund,* partie sur leurs ressources propres. Ce *bill* ayant été repoussé par la Chambre
des représentants, on a préparé un nouveau
projet de convention, par lequel les deux compagnies s'obligeraient à payer immédiatement au
Trésor fédéral le capital de sa créance, les intérêts restant garantis par une seconde hypothèque
à courir pendant un nombre d'années déterminé.

En résumé, on voit que les avances fédérales
à la première ligne « pacifique » ont eu pour

principal résultat de favoriser la spéculation et le *watering*, en même temps qu'elles ont suscité une série d'abus et de fraudes sans nombre. A ce jeu, le Trésor a perdu plus de 100 millions de dollars, et qui peut dire s'il rentrera jamais dans ses fonds? Sans doute le concours financier du gouvernement de l'Union a avancé d'un certain nombre d'années la construction de la première ligne qui devait mettre San Francisco en communication par rail avec New-York. Mais le *Northern Pacific* et le *Southern Pacific*, achevés tous deux dès 1881, eussent peut-être été faits plus tôt s'ils ne se fussent trouvés en concurrence avec une ligne subventionnée par l'autorité fédérale. D'autre part, on peut se demander si la construction d'un chemin de fer transcontinental n'était pas un peu prématurée en pleine guerre de Sécession, si le mouvement de *boom* et la poussée vers l'ouest qu'elle a déterminés avant le temps ont bien pu porter tous leurs fruits, si le travail de la colonisation n'a pas été nécessairement un peu extensif et superficiel. A ce point de vue comme à celui de la moralité financière et commerciale du pays, l'intervention du gouvernement fédéral dans le domaine de l'initiative

20

privée s'est montrée doublement regrettable, et
c'est ce que reconnaissent volontiers les Américains qui ne sont pas trop entichés de ce chau-
vinisme caractéristique qui a nom le *spread-
eagleism*.

De tout temps, les *railroads* ont joué aux
États-Unis un rôle prépondérant dans le sourd
travail et le développement progressif de la cor-
rúption politique. L'affaire du *Crédit mobilier*,
ce « cimetière des réputations parlementaires »,
selon le mot de M. Hudson, celle des postes transcontinentales (*Pacific mail*), ont l'une et l'autre
coupé court à plus d'une brillante carrière de
congressman. D'après M. John D. Lawson, « le
Pennsylvania railroad fait marcher la Cour
suprême de l'État de Pensylvanie avec autant
de succès que ses propres trains ». La législature et les Cours judiciaires de l'État de New-
York furent pendant longtemps sous la dépendance de l'association formée entre *Tammany
ring* et la compagnie de l'*Erie*, « coalition bien
naturelle », dit M. Adams, « car celle-ci a
besoin de votes, et celui-là d'argent ». Parmi les
hommes qui ont usé avec le plus d'habileté, le
plus d'audace et le moins de scrupules de cette
arme de la corruption politique, il faut citer au

premier rang M. C. P. Huntington et feu Jay
Gould : les documents personnels et authen-
tiques que nous tenons de ces deux rois rivaux
de chemins de fer, le recueil de lettres du premier publié naguère, et la déposition du second
devant le comité d'enquête de l'État de New-
York, jettent une lumière bien étrange sur les
procédés, sur « l'art » de ces deux *operators*, qui
jouaient avec les consciences dans les *lobbies*
des législatures et du Congrès aussi heureusement que dans *Wall Street* avec les actions de
leurs compagnies. L'abaissement progressif des
mœurs publiques est le résultat certes le plus
déplorable de l'intervention financière des pouvoirs publics — généraux ou locaux — dans la
construction et la gestion des chemins de fer.
Le pays est assez riche pour supporter de
grosses immobilisations de capitaux improductifs ; l'esprit de spéculation lui-même s'atténuera
sans doute à mesure que le pays se peuplera
davantage, que la mise en œuvre des richesses
naturelles se fera plus complète ; il a déjà perdu
de sa violence depuis une dizaine d'années : mais
l'esprit de moralité et d'intégrité politique d'un
pays est ce qui se refait le plus difficilement
quand une fois il a été perdu.

CHAPITRE VI

Consolidation ou formation des grands réseaux.

Les États-Unis sont par excellence le pays des grands réseaux de chemins de fer, comme celui des grandes entreprises, des *trusts* industriels et des coalitions commerciales. L'activité économique, qui s'y est développée avec une énergie sans égale dans des conditions de liberté et de concurrence presque absolues, semble aujourd'hui concentrer tous ses efforts, par l'effet d'une loi naturelle et irrésistible, vers un régime autoritaire de monopoles de fait. C'est ce qui peut se vérifier dans le régime des *railroads*, et c'est pourquoi nous voudrions retracer dans ses lignes générales le mouvement de *consolidation* qui a signalé l'histoire des chemins de fer amé-

ricains depuis un quart de siècle, en recherchant
comment les grands réseaux se sont constitués,
par quels procédés et avec quels résultats pratiques.

Les lignes de chemins de fer aux États-Unis
ont commencé par être purement locales, comme
l'était le trafic lui-même. On raconte qu'en 1850
il n'y avait pas moins de 12 compagnies pour
exploiter le tronçon de ligne qui réunissait
Albany, la capitale de l'État de New-York, au
Niagara et à Buffalo, sur le lac Érié, soit une
distance d'environ 500 kilomètres. Ce caractère
spécialisateur de l'industrie des transports à ses
débuts n'avait d'ailleurs rien de particulier à
l'Amérique : l'Angleterre elle-même comptait,
en 1847, plus de 700 compagnies indépendantes,
exploitant chacune un réseau de 25 kilomètres
en moyenne. Un pareil état de choses mettait
évidemment un obstacle infranchissable au
développement du trafic de transit, obstrué par
les retards et les frais des transbordements
multiples. On chercha d'abord à parer à ces
inconvénients par la création de *lines*, compagnies de messageries propriétaires de wagons,
qui concluaient, avec les divers réseaux de
chemins de fer, des contrats pour la circulation

20.

en transit de leur matériel. La plupart de ces *lines*
ont été rachetées dans la suite par les grandes
compagnies, comme par exemple l'*Empire line*
l'a été par le *Pennsylvania railroad*, et le mot est
resté pour désigner certaines combinaisons de
routes ferrées soit pour voyageurs, soit pour
marchandises, constituées par entente entre
plusieurs compagnies indépendantes, telle par
exemple la *Royal blue line*, de New-York à
Washington, qui est formée par le *Jersey Central*, le *Philadelphia and Reading* et le *Baltimore
and Ohio*. L'interposition des *lines* n'était qu'un
remède passager apporté aux inconvénients
croissants du régime dispersif des chemins de
fer à leur origine. Le seul moyen de satisfaire
aux grands courants commerciaux, de répondre
aux exigences nouvelles du trafic de transit qui
commençait à se développer vers le milieu du
siècle, c'était la formation de grandes lignes
correspondantes : voilà l'origine du mouvement
de *consolidation*, voilà le point de départ de
cette concentration progressive des petites
lignes indépendantes et multiples en un nombre
restreint de grands réseaux.

C'est entre les ports de l'Atlantique et ce qui
représentait alors l'ouest américain que se firent

sentir les premiers besoins d'un courant normal
de transit des voyageurs et des marchandises;
c'est aussi par la formation des *trunk lines* que,
vers l'époque de la guerre de Sécession, commença le mouvement de *consolidation* des compagnies de chemins de fer aux États-Unis, et
l'une des premières fusions célèbres de lignes
locales fut celle qui mit aux mains du commodore Vanderbilt, en 1869, la grande ligne de
New-York à Buffalo. Cette histoire de la genèse
du *New-York Central and Hudson river railroad*
vaut la peine qu'on la conte. Le commodore Cornélius Vanderbilt avait déjà rempli une longue et
très profitable carrière comme armateur, lorsqu'en 1862, ayant liquidé ses opérations maritimes et fait présent au gouvernement fédéral
du plus beau de ses navires, âgé de soixante-
neuf ans passés, il fit son entrée dans *Wall Street*
et commença de se consacrer aux *railroads*. Dès
1863, il achetait en Bourse, à des prix minimes,
les actions du *Harlem railway*, ligne médiocre
qu'en peu de temps il rendit de premier ordre, et
réalisa alors sur les membres du Conseil municipal de New-York et quelques autres spéculateurs à la baisse, qui vendaient à découvert en
annonçant la prochaine abrogation de la *charter*

du *Harlem*, un *corner* [1] qui est resté célèbre dans les annales financières américaines. La même opération, exécutée sur les actions du *Hudson river railroad*, lui réussit aussi brillamment. Enfin, s'étant rendu maître par morceaux des petites lignes d'Albany à Buffalo, devenues, sous sa direction, le *New-York Central*, le commodore fusionna, en 1869, ses trois compagnies sous le nom de *New-York Central and Hudson river railroad*, doublant leur capital social au moyen de prétendus dividendes non distribués, et faisant peu à peu de cet assemblage hétérogène de lignes secondaires l'une des meilleures compagnies américaines. Ce n'est pas d'ailleurs sans émoi ni sans résistance qu'on voyait les chemins de fer étendre leur rôle aux transports à grande distance. En 1858, une violente agitation populaire était soulevée dans l'État de New-York, sous l'influence de la *Clinton league*, pour empêcher le *New-York Central* de recevoir les expéditions de marchandises en concurrence

---

1. Le *corner*, littéralement « coin », est la spéculation par laquelle un acheteur, ayant réuni entre ses mains la totalité des titres d'une valeur donnée, accule les vendeurs à découvert qui se voient obligés de lui racheter à lui-même des titres pour se couvrir. Dans l'espèce, le commodore se fit racheter à 285 des actions qu'il s'était procurées à 3 quelque temps auparavant.

avec le canal Érié ; on faisait valoir que ce
canal jouissait d'un droit naturel aux transports en transit de l'ouest vers l'est, et qu'un
chemin de fer ne devait point faire échec à ce
monopole. Plus tard, une convention réunie à
Syracuse réclamait de la prochaine législature
un *bill* qui vînt renfermer obligatoirement les
chemins de fer dans le rôle pour lequel ils avaient
été originairement créés [1]. Mais rien n'arrêtait
les compagnies de voies ferrées dans ce mouvement naturel et forcé qui les portait à rechercher
le trafic de transit et à s'armer pour satisfaire à
ses besoins toujours croissants. Les *trunk lines*,
qui d'abord n'avaient visé à atteindre que les
bords du lac Érié et ceux de l'Ohio, têtes de
lignes des grands services de navigation vers
l'ouest, s'annexèrent bientôt un réseau complémentaire dans les États du centre jusqu'à Chicago et Saint-Louis. Partout où se créaient les
grands courants commerciaux, principalement
dans les directions ouest-est et nord-sud qui
peuvent servir à les « schématiser » dans l'Amérique du Nord, on voyait en même temps les
lignes locales se mettre bout à bout, et, réunis-

---

1. Arthur T. Hadley, *The railway in its business relations*,
dans *The american railway*, New-York, 1889.

sant leurs ressources autrefois insuffisantes,
former çà et là de nouvelles *trunk lines*, minces
fuseaux étirés de part et d'autre entre les grands
centres industriels.

Par ce mouvement de consolidation, les compagnies poursuivaient en outre deux objets nouveaux : elles cherchaient à restreindre la concurrence et à se constituer un trafic local stable et
rémunérateur. La compétition entre les lignes
de transit, provoquée par l'excès de la construction des voies ferrées, alimentée sans cesse
par les *discriminations* et favorisée par l'institution américaine des agents commerciaux,
devint bien vite très dure pour toutes les compagnies, ruineuse même pour beaucoup d'entre
elles. Or, de tous les moyens qui se présentaient
pour y mettre un terme, associations de tarifs,
pools, traités secrets de partage de trafic, il n'y
en avait pas de plus efficace, de plus manifestement décisif que l'absorption pure et simple de
la compagnie la plus faible par la compagnie la
plus forte. La *consolidation* apparut donc, bien
plus que l'association, comme le véritable remède
contre la concurrence : c'est pourquoi les législatures d'un grand nombre d'États l'ont expressément interdite entre lignes rivales, *competi-*

tive[1], et il n'y a pas longtemps encore que l'acquisition du *Chesapeake Ohio Southwestern* par le *Louisville and Nashville* était de ce fait déclarée nulle et de nul effet par les Cours de justice du Kentucky. D'autre part, les compagnies américaines ne tardèrent pas non plus à se rendre compte que, le trafic de transit se faisant sur la base de tarifs de concurrence très réduits, et parfois même à perte, elles ne pouvaient trouver un champ d'opérations sûr et rémunérateur que dans le trafic local. Leur politique constante a donc été de s'assurer, à droite et à gauche de la grande ligne de leur réseau, dans leur zone d'influence ou de protection, un monopole aussi étendu que possible, par l'annexion plus ou moins étroite des petites lignes et embranchements locaux à la compagnie principale et indépendante, et de favoriser en même temps de toutes leurs forces le développement industriel et commercial de ces sortes de protectorats économiques.

Le but poursuivi par les compagnies de chemins de fer étant ainsi fort complexe en lui-même, la législation opposant de plus au mouvement général des obstacles juridiques sinon

1. L'État de Nébraska a même prohibé la *consolidation* d'une façon absolue et générale.

infranchissables, du moins malaisés parfois à tourner, on conçoit que les procédés de consolidation se soient montrés très divers et variables en Amérique. Le lien qui unit entre eux et à tout jamais les deux tronçons inséparables d'une grande ʻligne de transit doit évidemment être d'une nature différente de celui qui rapproche momentanément d'un système puissant un petit réseau rival, ou empêche provisoirement quelques entreprises locales de fusionner en formant une ligne de transit concurrente à la première. De même, une compagnie sera disposée à faire de plus grands sacrifices pour s'annexer une ligne subsidiaire bien établie et rémunératrice, que pour s'attacher un embranchement d'intérêt local, un affluent qu'on ne recherche que pour le trafic qu'il déverse sur le réseau principal. Autant de *consolidations*, autant de manières de faire particulières, originales. A voir les choses d'ensemble, on peut pourtant ramener à trois grandes catégories les méthodes généralement appliquées : la fusion, la prise à bail, et le *control*, c'est-à-dire l'acquisition partielle ou totale des actions d'une compagnie [1].

1. Un quatrième procédé a été souvent mis en pratique à l'origine : c'est l'achat de gré à gré ou en justice de lignes

La fusion est la méthode ancienne de la *consolidation*. Entravée çà et là par les statuts prohi-
bitifs des États, et de tous côtés par la multiplicité
et la diversité des législations locales, elle est
devenue d'un usage rare à l'heure actuelle. Le
New-York Central and Hudson river avait originairement commencé à se constituer par ce procédé, qu'il a abandonné depuis ; nous ne saurions
guère citer aujourd'hui qu'une grande compagnie
qui, formée exclusivement par des fusions successives, représente maintenant encore un tout bien
homogène, et — nous voulons le croire — indis-
soluble, comme une de nos compagnies françaises
par exemple : c'est le *Chicago Milwaukee and
Saint-Paul*, dont la situation à cet égard est, en
Amérique, assez exceptionnelle et d'ailleurs
particulièrement favorable. Mais la fusion reste
encore aujourd'hui le but, lointain à la vérité,
de la politique économique des *railroads*, c'est le
procédé décisif et définitif par excellence, et
chaque fois qu'une grande compagnie, comme le
Pennsylvania, par exemple, l'une de celles qui

---

tombées en faillite, opération qui est généralement suivie de
la fusion des deux compagnies. Ce procédé, qui n'était guère
applicable qu'aux petites lignes, rencontre aujourd'hui beaucoup moins fréquemment ses conditions d'emploi.

présentent la formation administrative la plus hétérogène, en trouve l'occasion, elle s'empresse de réaliser une fusion entre deux ou plusieurs de ses éléments constitutifs.

Prise à bail et *control* sont aujourd'hui les deux procédés normaux et parallèles de la *consolidation* : la prise à bail est le premier acte de l'opération, puis le lien se fortifie par l'achat d'une majorité des actions de la compagnie subsidiaire, enfin l'annexion est consommée quand le capital social est en entier aux mains de la compagnie principale : alors l'union est aussi solide qu'après une fusion légale. La durée et les conditions des baux varient à l'infini selon l'usage que le preneur entend faire des lignes louées. Souvent les baux sont passés à perpétuité ou pour 999 ans ; d'autres fois ils sont résolubles à la première dénonciation de l'une des parties ; des termes de 30, 50 ou 99 ans se rencontrent aussi très généralement dans les contrats. Quant aux redevances à payer au bailleur, le rapport annuel de l'*Interstate commerce commission* sur la statistique des chemins de fer, les divise en redevances fixes et redevances « contingentes », ces dernières variant directement ou indirectement avec les recettes réalisées ; le nombre des baux à redevances fixes est, d'après le dernier de ces rapports, supérieur de plus de moitié au nombre des baux à redevances variables. Donnons quelques exemples. Le *Pennsylvania railroad* a pris à bail, en 1869, pour 999 ans le *Pittsburg Fort Wayne and Chicago railroad*, qui forme aujourd'hui la principale de ses grandes lignes sur Chicago [1] ; la redevance annuelle comprend les charges fixes plus un dividende de 7 p. 100 sur le capital-actions, ce qui n'empêche pas la compagnie de réaliser régulièrement de beaux bénéfices sur cette exploitation. En 1891 était effectuée l'annexion du *Rome Watertown and Ogdensburg* au *New-York Central and Hudson river railroad* : celui-ci avait eu naguère à se plaindre de la concurrence que lui faisait celui-là, et il espérait d'autre part pouvoir se faire ouvrir, grâce à son allié, des débouchés nouveaux vers le Canada. Le bail fut conclu à perpétuité, et le *New-York central*, qui se chargeait de payer les intérêts de la dette de la compagnie subsidiaire, s'engagea en outre à distribuer 5 p. 100 par an aux actionnaires de

---

1. En 1871, la jouissance du bail a été transférée à la *Pennsylvania Company*, créée à cette époque pour gérer tous les intérêts du *Pennsylvania railroad* à l'ouest de Pittsburg.

celle-ci. Voilà des formes de *consolidation* évidemment définitives. D'autre part, nous voyons que le *Pennsylvania railroad* exploite à prix coûtant un grand nombre de petites lignes subsidiaires, remboursant aux diverses compagnies les recettes nettes, et supportant, s'il y a lieu, les déficits ; la plupart de ces baux peuvent prendre fin à la volonté d'un des contractants, trente jours après avis signifié à la partie adverse. Quel avantage, dira-t-on, retire la compagnie principale de pareilles exploitations ? Un avantage considérable, qui se chiffre par le montant du trafic qu'elle reçoit de ces affluents, de ces *feeders*, et qui eût pu aller aux compagnies rivales. Très souvent on rencontre aujourd'hui, dans les contrats de bail de voies ferrées, des clauses de garanties forfaitaires par lesquelles la compagnie principale s'engage à payer à la compagnie secondaire soit les intérêts de tel ou tel emprunt, soit les charges fixes en bloc, soit un dividende annuel de tant pour cent sur les actions ; parfois encore la compagnie principale « assume » purement et simplement les charges du capital, en les portant au passif de son bilan et en faisant figurer en même temps à son actif la valeur réelle de la ligne. Ce système des garanties a été porté à son maximum de développement par le *Pennsyl-vania railroad* et le *Baltimore and Ohio* : la pre-mière de ces compagnies est aujourd'hui respon-sable, en totalité ou en partie, des emprunts de plus de vingt compagnies secondaires, et son exemple a beaucoup fait pour l'extension du sys-tème préconisé par elle parmi les autres grands réseaux américains [1]. A la vérité, la méthode offre un grand avantage : en faisant bénéficier une compagnie subsidiaire du crédit de la compagnie principale, il lui permet de se procurer des capi-taux plus facilement et à bien meilleur compte. Seulement l'abus du procédé peut, en temps de crise, faire courir à la compagnie-mère un très grave danger, particulièrement au cas où tous ses clients, mis en déficit par l'insuffisance du trafic, viendraient en même temps faire appel à sa garantie et tirer sur ses caisses. Aussi sait-on fort bien, en Amérique, qu'en règle générale et sauf de très honorables exceptions, les titres d'emprunt de lignes secondaires qui portent la garantie d'une compagnie même puissante, peuvent bien voir de ce fait leur valeur augmentée, mais ne sauraient

---

1. Le *New-York Central and Hudson river railroad* lui-même est entré depuis cinq ou six ans dans cette voie nou-velle, qu'il avait jusqu'alors toujours refusé de suivre.

21.

puiser toute leur sécurité dans cet endos, si elles n'ont pas en leur propre fonds un gage adéquat : le jour où l'exercice de la garantie se ferait trop onéreux, la compagnie responsable n'hésiterait pas à faire résoudre le contrat de garantie, — les vices de forme sont si faciles à découvrir dans la procédure anglo-saxonne.

La prise à bail marche souvent de pair avec le *control*, lequel s'emploie aussi beaucoup isolément. On entend, en Amérique, par *control*, l'acquisition par une compagnie [1], soit en Bourse, soit en vertu d'une convention spéciale, de la totalité ou de la majorité des actions d'une autre compagnie, laquelle tombe alors dans la possession et la direction effective de la première. Lorsque celle-ci tient entre ses mains la totalité du capital-actions de la compagnie « contrôlée », elle fusionne le plus souvent l'exploitation des deux réseaux : l'existence corporative de ladite compagnie est en effet devenue purement nominale et fictive, elle disparaît dans la personnalité plus large de la compagnie principale. L'union des deux compagnies est alors

1. Ou par un individu ou groupe d'individus unis; nous n'envisageons ici le fait du *control* que dans les rapports des compagnies de chemins de fer entre elles.

d'autant plus solide que le *control* ne s'arrête pas d'ordinaire aux actions, mais s'étend le plus souvent à une partie des obligations, que la compagnie-mère remplace dans la circulation par des valeurs émises par elle en *collateral trust*. Si cette compagnie ne possède qu'une majorité dans le capital social de la compagnie subsidiaire, l'exploitation de cette dernière reste en principe séparée, et l'autorité de la partie dirigeante ne se fait sentir que dans la gestion et l'administration générale du réseau, à moins que, par l'effet d'un contrat spécial comportant d'ordinaire garantie de certains emprunts, l'exploitation même du réseau « contrôlé » ne soit jointe à celle du réseau principal. Partiel ou absolu, le procédé du *control* est aujourd'hui l'une des formes les plus répandues de la *consolidation* aux États-Unis. Ne modifiant en rien l'organisation juridique des compagnies, il se voit particulièrement apprécié dans un pays où les questions légales ont toujours été compliquées comme à plaisir; il fournit un aliment à la spéculation de Bourse, c'est là son plus grand danger, par les facilités excessives qu'il donne aux compagnies pour l'extension exagérée et débilitante de leurs réseaux.

On voit donc qu'il y a une hiérarchie à établir et des classifications à faire dans le régime si hétérogène des compagnies de chemins de fer américains au point de vue de leur formation administrative. A côté des compagnies indépendantes et « exploitantes » sont les compagnies subsidiaires ou auxiliaires, exploitées par les premières. Un grand réseau est le plus souvent constitué d'une manière fort complexe par la juxtaposition d'un nombre plus ou moins considérable de lignes diverses qui ont été un jour libres avant d'être asservies à un « contrôle » supérieur. Autour du réseau propre (*owned*) construit par la compagnie principale, ou réuni par fusion à ce noyau originaire, et représenté directement par le capital de la compagnie, un grand système pourra comprendre et en fait comprendra le plus souvent :

1° Des lignes possédées (*lines of proprietary companies*), achetées pour un prix fixe, ou dont la compagnie centrale tient le capital-actions tout entier dans son portefeuille ;

2° Des lignes prises à bail, annexées au réseau pour une période plus ou moins longue, et pour lesquelles la compagnie doit payer des redevances annuelles ;

3° Des lignes « contrôlées », compagnies subsidiaires dont la compagnie principale possède la majorité des actions;

4° Des lignes possédées ou contrôlées, mais dont l'exploitation est séparée et dont les comptes sont tenus à part. C'est ainsi, par exemple, que le *Pennsylvania railroad*, qui exploite directement ou par l'intermédiaire d'une compagnie filiale, la *Pennsylvania company*, un système de plus de 14 000 kilomètres, n'a sur ce total qu'un réseau propre de 822 kilomètres, et se compose de près de 200 compagnies diverses rassemblées sous une même autorité. L'*Illinois central*, qui forme la grande *trunk line* entre Chicago et la Nouvelle-Orléans, réunissant les lacs au golfe de Mexique, n'a construit par lui-même que deux courtes lignes d'ensemble 1150 kilomètres (Chicago à Cairo et Centralia à Dubuque), sur un réseau actuel de 6131 kilomètres. Il y a même des compagnies qui n'ont jamais construit un mille de voie ferrée et qui, comme la *Pennsylvania company* que nous venons de nommer, ou la *Southern Pacific company* de M. Huntington, ont été constituées dans le but exclusif de « contrôler », de consolider et d'exploiter un certain nombre de réseaux subsidiaires.

Au 1er janvier 1894, les 40 principaux systèmes [1] de voies ferrées des États-Unis exploitaient un réseau de 178 411 kilomètres et « contrôlaient » en outre 28 664 kilomètres de lignes ayant une exploitation séparée; le total de ces 40 réseaux, dont chacun relève en pratique, directement ou indirectement, d'une seule et même autorité, représentait 207 075 kilomètres, soit 70 p. 100 du réseau total des chemins de fer de l'Union nord-américaine. Or il y avait aux États-Unis, en 1892 [2], 1822 compagnies de voies ferrées légalement existantes. Voilà les résultats statistiques du mouvement de *consolidation* depuis trente ans.

Voyons maintenant quels en ont été les résultats économiques. Tout d'abord la *consolidation* a constitué un facteur essentiel dans l'abaissement si rapide du prix de revient des transports en Amérique. L'exploitation par les grandes compagnies, plus souple, mieux entendue, est devenue moins onéreuse; les dépenses générales

---

1. Nous comptons comme un système unique les compagnies qui, comme les lignes Vanderbilt ou le réseau Gould, bien que légalement indépendantes, se trouvent cependant placées en fait sous une même direction.

2. Les statistiques des années postérieures ne sont pas encore publiées.

et d'administration se sont restreintes ; par suite
de l'extension aux compagnies subsidiaires du
crédit des compagnies principales, les charges
fixes ont été réduites : partout il y a eu économie
réalisée. En ce qui concerne la concurrence, les
guerres de tarifs sont devenues plus rares, mais
aussi plus dures ; principalement locale autrefois, la compétition entre les divers réseaux s'est
depuis concentrée. Enfin au point de vue commercial et financier, c'est grâce à la *consolidation* que les grandes compagnies de l'Union ont
pu s'élever aujourd'hui au rang des premières
puissances du monde économique dans le continent américain.

CHAPITRE VII

Quelques mots sur les principaux réseaux.

Les publications statistiques américaines donnent plusieurs classifications des compagnies de voies ferrées aux États-Unis. Le *Manual of railroads* de M. Poor répartit simplement les réseaux entre huit groupes territoriaux d'États. La statistique annuelle de l'*Interstate commerce commission* a adopté une division plus raisonnée en dix régions dont les limites, ne coïncidant pas avec les circonscriptions politiques des États, sont du moins tracées suivant les données matérielles de la géographie économique du pays, et suivant les caractères particuliers qui peuvent rapprocher ou différencier l'exploitation des réseaux voisins. Nous croyons pouvoir simplifier

la classification en divisant les compagnies de la
façon ci-après.

I. *Trunk lines.* — On entend aux États-Unis
par *trunk lines* les grands réseaux ferrés qui
réunissent aux ports de l'Atlantique, Boston,
New-York, Philadelphie et Baltimore, les deux
grands centres de Chicago et Saint-Louis. Ce
sont les premières compagnies américaines par
la densité du trafic. L'importance du courant de
transit qui va de l'ouest à l'est du territoire, de
la vallée du Mississipi ou des grands lacs aux
bords de l'*Hudson river*, n'est égalée par rien en
Europe; elle est pourtant dépassée par celle du
trafic local sur ces mêmes lignes, qui traversent
les régions les plus industrielles du continent. Le
réseau Vanderbilt, la plus septentrionale des
trunk lines, est formé par l'union toute personnelle entre les mains de la famille de ce nom et
celles de ses associés de cinq compagnies indépendantes, aujourd'hui solidaires par la puissance
de l'intérêt qui les lie; il a été livré de rudes
assauts contre la prospérité de cet empire ferré,
mais ni la construction du *West Shore* en parallèle
au *New-York Central*, ni celle du *Nickel Plate* le
long du *Lake Shore and Michigan Southern*, n'ont
pu entamer la puissance que le système doit à

ses deux grands fondateurs, le commodore Cornélius Vanderbilt et son fils William H. Vanderbilt, tous deux décédés aujourd'hui. Le réseau *Pennsylvania* ne le cède en rien à son illustre rival; il comprend deux tronçons dont l'un, situé à l'est de Pittsburg, est exploité directement par le *Pennsylvania railroad*, et l'autre, compris entre Pittsburg, Chicago et Saint-Louis, est placé sous la direction d'une compagnie filiale, la *Pennsylvania company*; ce réseau doit à sa position géographique de premier ordre et à l'excellence de son administration le surnom de *Standard railway of America*. A la différence des deux systèmes précédents, le *Baltimore and Ohio* n'a pas accès direct à New-York, et ses trains doivent emprunter, de Philadelphie au terminus de Jersey City, les voies du *Philadelphia and Reading* et du *Jersey Central*; ses luttes d'influence avec le *Pennsylvania* à Washington et à Philadelphie sont restées célèbres aux États-Unis. Le *New-York Lake Erie and Western*, la moins favorisée des *trunk lines*, est né sous une mauvaise étoile : malversations, fraudes, maladresses, rien ne lui a été épargné dans sa gestion; il a été pendant dix ans le jouet des spéculateurs les moins scrupuleux,

Drew, Fisk, puis Jay Gould, et pour la troisième fois est retombé en 1893 entre les mains des *receivers*.

II. *Réseaux de la Nouvelle Angleterre.* — Les lignes ferrées de la Nouvelle Angleterre présentent certains caractères un peu différents de ceux qu'on rencontre d'habitude dans le reste du réseau ferré américain. La densité de la population étant bien plus élevée et la vie industrielle singulièrement plus intense qu'ailleurs dans ce coin de pays qui ressemble plus à l'Europe qu'aux États-Unis, le mouvement des voyageurs et le trafic local y ont atteint une importance supérieure. Aussi le mouvement de *consolidation* des compagnies y a-t-il commencé beaucoup plus tard, et la productivité des lignes y éprouve-t-elle d'ordinaire moins de fluctuations d'année en année. C'est là que se trouvent réunies quelques-unes des compagnies qui ont donné les plus gros bénéfices avec le plus de régularité, comme le *New-York New-Haven and Hartford*, qui a distribué régulièrement, de 1872 à 1894, un dividende de 10 p. 100 à ses actionnaires. C'est aussi en Nouvelle Angleterre que se sont le plus largement développées depuis cinq ou six ans les entreprises de traction électrique, qui font aujourd'hui aux compagnies de chemins de fer à vapeur une concurrence très redoutable.

III. *Compagnies de chemins de fer charbonniers (coal roads)*. — Voici une particularité du régime des chemins de fer américains. On comprend aux États-Unis sous le nom de *coal roads* ou chemins de fer charbonniers, un certain nombre de compagnies de voies ferrées qui sont propriétaires de la plus grande partie des mines d'anthracite de la Pensylvanie orientale. C'est vers l'année 1870 que ces compagnies, dont la houille avait toujours constitué l'élément de trafic prépondérant, commencèrent à prendre intérêt dans la propriété des houillères, tant pour se défendre contre la concurrence des lignes rivales, que pour s'assurer un mouvement de tonnage régulier. Plusieurs d'entre elles, le *Delaware and Hudson*, le *Delaware Lackawanna and Western*, acquérirent directement des exploitations minières. D'autres suscitèrent la formation de sociétés intermédiaires, commanditées et « contrôlées » par elles, qu'elles chargèrent de pourvoir à l'exploitation et à la vente du charbon. Ainsi le *Philadelphia and Reading* a pour annexe la *Philadelphia and Reading coal and iron company*; le *Central railroad of New-Jersey*, qui exploite en même temps un certain nombre de lignes à voyageurs très fréquentées sur le littoral, s'est attaché la *Lehigh and Wilkesbarre coal company*. Les spéculations effrénées auxquelles se sont livrées quelques-unes de ces compagnies charbonnières, entre autres le *Philadelphia and Reading*, jointes aux risques spéciaux qu'entraînent souvent les exploitations houillères, ont jeté en Europe sur ce groupe de chemins de fer une certaine défaveur, laquelle n'est pas toujours justifiée. C'est ainsi que le *Delaware Lackawanna and Western*, le *Delaware and Hudson*, dans lesquels le parti Vanderbilt s'est, dit-on, largement intéressé depuis quelque temps, comptent parmi les compagnies les plus solides et les mieux administrées de toute l'Union.

IV. *Réseaux du Sud.* — En aucune région de l'Amérique on ne peut trouver plus de diversité et moins de stabilité que dans l'exploitation et l'organisation des voies ferrées du sud. Deux des six grands réseaux méridionaux des États-Unis ont leur terminus sur la côte de l'Atlantique, à Norfolk et à Newport News, qu'elles mettent en relation avec les grandes villes du centre, Cincinnati, Louisville, faisant

22.

ainsi concurrence aux *trunk lines* pour le trafic de transit. Ce sont le *Chesapeake and Ohio* et le *Norfolk and Western*, qui possèdent tous deux en Virginie des exploitations considérables de charbon bitumineux. Dans les États du Sud-Atlantique, un vaste système ferré, autrefois placé sous la direction de Jay Gould, tombé depuis lors en faillite, a été reconstitué récemment sous le nom de *Southern railway*; il forme un élément essentiel dans le mouvement du trafic entre New-York et le littoral du golfe du Mexique. Enfin de la Nouvelle-Orléans vers le nord, c'est-à-dire vers Saint-Louis, Cincinnati et Chicago, trois compagnies principales entrent en compétition : l'*Illinois central*, l'une des plus anciennes et des plus réputées des compagnies américaines, le *Louisville and Nashville*, qui traverse le nouveau et si riche district minier de l'Alabama, et le *Mobile and Ohio*.

V. *Réseaux du Centre.* — Nous réunissons sous cette rubrique un certain nombre de compagnies dont les lignes, situées dans l'Ohio, l'Illinois et l'Indiana, orientées dans des directions diverses, peu étendues en général, ne répondent pas directement à l'un des grands courants de commerce qui se partagent le terri-

toire des États-Unis [1], et ne rentrent géographi-
quement dans aucun des autres groupes. Nous
trouvons ici une compagnie qui fit longtemps
partie du réseau Gould, le *Wabash*, dans lequel
l'intérêt Gould a encore aujourd'hui, dit-on, une
influence prépondérante ; le *Chicago and Alton*,
petite ligne singulièrement prospère qui joint
Chicago, Saint-Louis et Kansas City ; une compagnie de chemins de fer charbonniers analogue à celles de la Pensylvanie, le *Chicago
and Eastern Illinois*, l'ambitieux *Cincinnati Ha-
milton and Dayton*, etc.

VI. *Réseaux du Nord-Ouest*. — Les grands
réseaux du nord-ouest des États-Unis, ayant Chicago pour base d'opérations, ont toutes leurs
lignes disposées en éventail à l'ouest de ce centre,
traversant le Mississipi d'abord, puis le Missouri,
pénétrant enfin plus ou moins profondément
dans les prairies et les hauts plateaux qui bordent
les Montagnes Rocheuses. Comme les *trunk
lines*, ces grands systèmes sont au nombre de
quatre principaux : le *Chicago and Northwestern*,
l'élément occidental du réseau Vanderbilt, le
Chicago Burlington and Quincy, que ses rela-

---

1. Exception faite pour le *Chicago and Alton*.

tions financières et commerciales paraissent rapprocher plutôt du *Pennsylvania*, le *Chicago Milwaukee and Saint-Paul* et le *Chicago Rock Island and Pacific*, dont la situation, moins brillante que celle des deux précédents, s'est sensiblement améliorée depuis quelques années. Ce sont là les *granger roads* par excellence, compagnies qui ont un trafic de céréales très considérable, et dont les bénéfices varient plus que ceux de tout autre réseau d'après les récoltes annuelles. Nulle part en Amérique, sauf dans le groupe des *trunk lines* et en Nouvelle Angleterre, la concurrence n'est aussi vive que dans ces régions du nord-ouest. Les quatre compagnies que nous venons de citer possèdent chacune une ligne entre Omaha et Chicago ; de Chicago à Saint-Paul, les trois premières, auxquelles il faut joindre le *Wisconsin Central* et le *Chicago great western*, ont également leurs lignes particulières. Les tarifs de transport sont en conséquence presque aussi réduits dans cette partie du territoire que sur les *trunk lines*.

VII. *Lignes transcontinentales*. — Les compagnies américaines dites transcontinentales n'exploitent pas à elles seules, comme le fait leur rivale canadienne, le *Canadian Pacific*, une

ligne ferrée ininterrompue joignant l'Atlantique
au Pacifique. Ces cinq compagnies sont les premières qui, traversant la double chaîne des
Montagnes Rocheuses et de la Sierra Névada,
ont mis les États de Californie et d'Orégon,
ainsi que le territoire de Washington, en communication avec les grands centres de Chicago,
Saint-Paul, Omaha et la Nouvelle-Orléans.
Nous avons eu l'occasion de retracer déjà l'histoire de la plus ancienne d'entre elles, l'*Union
Pacific*, qui, allant d'Omaha sur le Missouri à
Ogden dans l'Utah, non loin du Grand Lac Salé,
est prolongée jusqu'à San Francisco par le *Central Pacific*, aujourd'hui incorporé dans le réseau
Huntington. Ce dernier, qui a nom le *Southern
Pacific*, réunissant la Nouvelle-Orléans à la Porte
d'Or, fut ouvert en 1887 au trafic transcontinental. Deux ans après s'achevaient le *Northern
Pacific*, commandité principalement en Allemagne, et l'*Atchison Topeka and Santa Fe*,
doublé de l'*Atlantic and Pacific*. En 1893 enfin,
une nouvelle ligne longeant la frontière canadienne, construite avec une rapidité remarquable et avec une grande habileté technique, le
Great Northern, venait encore établir une communication directe entre Duluth, le grand port

du Lac Supérieur, et Everett, sur les bords du
Puget Sound. La crise récente qui a sévi sur les
États-Unis n'a été rien moins qu'indulgente aux
compagnies transcontinentales. Les cinq derniers
mois de l'année 1893 ont vu la faillite successive
de trois d'entre elles, le *Northern Pacific*, l'*Union
Pacific* et l'*Atchison*. Les guerres de concurrence
perpétuelles que ces compagnies ne cessent de
mener les unes contre les autres ont été la cause
principale de ce désastre, avec le resserrement
de trafic causé dans le Montana, l'Idaho et le
Colorado par la fermeture des mines d'argent.

VIII. *Réseaux du Sud-Ouest.* — Les chemins
de fer du sud-ouest comptent parmi ceux qui ont
été les moins profitables aux États-Unis. Cela
tient d'abord au développement plus lent du territoire, qui est moins riche et moins favorisé par la
colonisation que le nord; cela tient surtout aux
abus de la spéculation dont la plupart de ces
compagnies ont souffert à un degré extrême. Le
principal réseau de ce groupe est celui que forment les lignes Gould, et qui comprend le *Missouri Pacific* et ses dépendances, le *Texas and
Pacific,* l'*International and Great Northern*, le
Saint-Louis and Southwestern, qui à eux tous
monopolisent presque le trafic dirigé du Mexique

et du Texas vers Saint-Louis et le Nord. Ses principaux concurrents, le *Missouri Kansas and Texas* et le *Saint-Louis and San Francisco* (ce dernier fait partie du réseau de l'Atchison), sont comme le réseau Gould dans une situation financière assez précaire. Citons enfin dans le Colorado une compagnie adonnée principalement au transport des minerais et dont les lignes pittoresques sont bien connues des touristes, le *Denver and Rio Grande*.

Les tableaux suivants font connaître les résultats généraux de l'exploitation des quarante grands réseaux des États-Unis pour le dernier exercice [1] et les dividendes distribués depuis dix ans par les principales compagnies américaines.

---

1. Nous ferons observer que les opérations de l'exercice 1893-94 ont été très affectées dans toutes les compagnies par la crise commerciale, financière et industrielle qui s'est ouverte au mois de juillet de l'année 1893.

EXERCICE	DÉNOMINATION DES RÉSEAUX	LONGUEUR DU RÉSEAU			RECETTES BRUTES PAR
		propre	total exploité	contrôlé mais exploité séparément	
	I. Trunk Lines.	kilomètres.	kilomètres.	kilomètres.	franc:
	Réseau Vanderbilt :				
1893-94	New-York Central and Hudson river..........	1 317	3 855	386	56 6(
1893-94	Boston and Albany..........	492	625	»	75 1'
1894	Lake Shore and Michigan Southern............	1 380	2 231	841	45 9'
1894	Michigan central and Canada Southern...........	798	2 629	»	23 8!
1893-94	Cleveland Cincinnati Chicago and Saint-Louis (Big four)..	1 036	3 049	802	20 9-
1894	Pennsylvania...............	822	11 267	3 010	54 1-
1893-94	New-York Lake Erie and Western (Erie).	886	3 169	»	39 4!
1893-94	Baltimore and Ohio..........	862	3 322	1 481	33 8(
	II. Réseaux de la Nouvelle Angleterre.				
1893-94	New-York New-Haven and Hartford...............	316	2 334	»	54 1!
1893-94	Boston and Maine............	579	2 080	1 639	38 3
1893-94	Central Vermont.............	3 105	1 242	»	21 1
1893-94	Fitchburg..................	598	724	»	47 2
1894	New-York and New-England..	580	897	»	30 5
	III. Chemins de fer charbonniers (coal roads).				
1893-94	Philadelphia and Reading (Reading).................	526	1 882	»	57 0
1894	Central Railroad of New-Jersey (Jersey Central)............	251	1 071	»	59 2
1894	Delaware and Hudson........	?	1 102	»	42 8
1894	Delaware Lackawanna and Western (Lackawanna)......	180	1 448	»	148 6
1893-94	Lehigh Valley..............	460	1 658	»	52 2
	IV. Réseaux du Sud.				
1893-94	Chesapeake and Ohio.........	1 208	2 193	»	20 5
1894	Norfolk and Western.........	2 141	2 526	»	20 4
1893-94	Illinois Central.............	1 235	4 646	1 485	22 2
1893-94	Louisville and Nashville.......	4 453	4 756	3 016	20 4
1893-94	Mobile and Ohio.............	847	1 106	»	14 6
1893-94	Southern railway............	?	7.385	»	»

Nota. — Les mots entre parenthèses représentent les appellations usu

RECETTES NETTES PAR KILOMÈTRE	COEFFICIENT D'EXPLOITATION	PRODUIT NET TOTAL	DIVIDENDE DISTRIBUÉ SUR LE CAPITAL-ACTIONS	OBSERVATIONS
francs.	0/0	francs.	francs.	
18 378	67	71 287 610	22 944 130	Contrôle le *West Shore* et le *Rome Water-town and Ogdensburg*, etc.
19 760	73	12 349 940	10 000 000	
14 561	68	36 271 665	15 106 700	Contrôle le *New-York Chicago and Saint-Louis (Nickel Plate)*, etc.
6 500	.72	17 422 775	3 727 640	
4 959	74	16 417 730	2 500 000	Formé en 1889 par consolidation de plusieurs autres compagnies.
17 246	70	119 268 665	32 323 237	Contrôle la *Pennsylvania Company*, etc.
7 902	80	30 360 045	0	En *receivership*. Exploite le *New-York Pennsylvania and Ohio*.
10 448	62	44 644 155	4 624 675	Contrôle le *Baltimore Ohio and Southwestern*, etc.
15 743	71	38 768 280	18 156 465	Contrôle le *New-York Providence and Boston*, exploite l'*Old Colony*, etc.
12 263	68	28 772 850	6 605 155	A pris à bail récemment le *Concord and Montreal*, contrôle le *Maine Central*, etc.
6 385	70	7 930 295	»	
12 617	73	9 134 930	2 510 000	
8 714	72	7 836 950	0	A été réorganisé en 1895.
18 756	67	35 298 695	0	En *receivership*.
19 802	67	26 815 155	7 883 950	Exploité par le précédent de 1883 à 1887.
?	»	?	12 250 000	Expl. en même temps le canal du même nom.
24 343	84	35 248 335	9 170 000	
12 092	77	24 156 285	0	Exploité par le *Reading* de 1891 à 1893.
6 878	67	15 151 735	0	Réorganisé en 1888 par Drexel Morgan et Cⁱᵉ.
2 538	74	13 910 660	0	En *receivership*.
6 767	69	40 972 465	12 500 000	Contrôle le *Chicago St-Louis and New-Orleans*, le *Yazoo and Mississipi Valley*, le *Dubuque and Sioux City*, etc.
7 385	63	36 937 455	0	Contrôle le *Georgia Railroad*, le *Nashville Chattanooga and St-Louis*, qui sont exploités séparément.
5 501	62	6 084 860	0	
»	»	»	0	*Consolidation* en 1894 de plusieurs compagnies en faillite.

et abrégées des compagnies.

EXERCICE	DÉNOMINATION DES RÉSEAUX	LONGUEUR DU RÉSEAU			RECETTES BRUTES PAR KILOMÈTRE
		propre	total exploité	contrôlé mais exploité séparément	
		kilomètres.	kilomètres.	kilomètres.	francs.
	Report.		67 297	12 660	
	V. Réseaux du Centre.				
1894	Chicago and Alton (Alton)....	872	1 356	»	23 201
1893-94	Wabash..............	2 577	3 113	»	20 191
1893-94	Cincinnati Hamilton and Dayton.	622	1 031	»	24 718
1893-94	Chicago and Eastern Illinois...	695	830	»	23 254
	VI. Réseaux du Nord-Ouest.				
1893-94	Chicago and Northwestern....	4 963	7 789	4 666	20 533
1894	Chicago Burlington and Quincy (Burlington)................		9 221	1 747	13 375
1893-94	Chicago Milwaukee and Saint-Paul (Saint-Paul)...........	9 892	9 892	241	15 936
1893-94	Chicago Rock Island and Pacific (Rock Island)..............	4 635	5 745	149	17 614
1893-94	Chicago Great Western (Maple leaf).....	36	1 483	"	13 527
1893-94	Wisconsin central............	1 081	1 472	"	9 019
1893-94	Minneapolis Saint-Paul and Sault Sainte-Marie (Soo line).	1 890	1 890	»	7 693
	VII. Lignes transcontinentales.				
1894	Union Pacific (U. P.)...........	?	7 890	5 250	14 144
1894	Southern Pacific company.....	0	10 686	2 022	20 949
1893-94	Northern Pacific.............	5 485	7 322	»	12 224
1893-94	Great Northern........... .	0	6 057	976	9 365
	Réseau Atchison :				
1893-94	Atchison Topeka and Santa Fe.	?	12 034	»	»
1893-94	Saint-Louis and San Francisco (Frisco company)...........	1 683	2 997	"	"
	VIII. Réseaux du Sud-Ouest.				
1893-94	Denver and Rio Grande.......	2 596	2 661	»	12 169
1893-94	Missouri Kansas and Texas....	2 530	3 153	249	15 663
1894	*Réseau Gould.* { Missouri Pacific	1 734	8 032	624	13 571
1894	Texas and Pacific.......	2 231	2 411	»	15 253
1893-94	International and Great Northern...............	1 205	1 246	80	12 479
1893-94	Saint-Louis and Southwestern (cotton belt).....	?	1 967	»	11 731
1893-94	Rio Grande Western.........	807	836	»	12 567
			178 411	28 664	
			207 075		

RECETTES NETTES PAR KILOMÈTRE	COEFFICIENT D'EXPLOITATION	PRODUIT NET TOTAL	DIVIDENDE DISTRIBUÉ SUR LE CAPITAL-ACTIONS	OBSERVATIONS
francs.	0/0	francs.	francs.	
9 821	58	16 406 730	8 547 120	
4 370	78	15 802 645	0	Réorganisé en 1889.
8 462	67	8 622 020	1 324 175	
8 737	63	7 880 460	1 434 570	Exploite d'importantes houillères dans l'Illinois et l'Indiana.
7 110	65	57 549 625	19 532 970	Contrôle le *Fremont Elkhorn and Missouri Valley*, le *Chicago St-Paul Minneapolis and Omaha*, qui sont exploités séparément.
4 545	66	51 977 220	19 475 640	.
5 668	64	56 571 515	18 237 600	
5 275	71	30 523 160	9 231 160	
3 401	75	5 044 060	0	Possède et exploite le *Chicago St-Paul and Kansas City*.
2 131	77	3 046 470	0	En *receivership*. Autrefois exploité par le *Northern Pacific* : les comptes ne couvrent que neuf mois.
1 701	78	3 221 200	0	Contrôlé par le *Canadian Pacific*.
3 550	75	31 945 840	0	En *receivership*.
7 189	66	80 251 750	0	
3 131	74	27 060 170	0	En *receivership*.
3 669	60	32 180 750	5 937 500	Exploite et garantit le *St-Paul Minneapolis and Manitoba*. En *receivership* ; l'*Atchison Topeka and Santa Fe* a été réorganisé en juillet 1895. Les comptes n'ont pas été publiés.
»	»	»	0	Contrôle le *Colorado Midland*.
»	»	»	0	Contrôle l'*Atlantic and Pacific* de compte à demi avec le précédent.
4 741	62	12 568 965	0	Réorganisé en 1886.
?	»	13 356 745	0	Réorganisé en 1890.
2 752	79	25 811 410	0	Contrôle le *St-Louis Iron Mountain and Southern*, etc.
3 864	75	9 775 715	0	Réorganisé en 1888.
2 963	77	3 691 585	0	Réorganisé en 1893.
1 884	84	3 861 900	0	Réorganisé en 1890.
3 870	70	3 353 455	0	Réorganisé en 1889.

Tableau des dividendes distribués par les principales compagnies depuis dix ans.

Compagnies	1885	1886	1887	1888	1889	1890	1891	1892	1893	1894
New-York central and Hudson river	3,5	4	4	4	4	4,5	4,5	5,25	5	5
Boston and albany	8	8	8	8	8	8	8	8	8	8
Lake Shore and Michigan southern	0	0	4	4	5	5	6,5	6,5	6	6
Michigan Central and Canada Southern	»	»	»	4	4	5	5	5,5	5,5	5,5
Cleveland Cincinnati Chicago and St-Louis — Actions privilégiées	»	»	»	»	»	-1	3	3	3	0
Cleveland Cincinnati Chicago and St-Louis — Actions ordinaires	»	»	»	»	»	5	5	5	5	5
Pennsylvania railroad	5	5	5,5	5	5	5,5	6	6	5	5
New-York Lake Erie and Western — Actions ordinaires	0	0	0	0	0	0	0	0	0	0
Western — Actions ordinaires	0	0	4	0	0	0	2	3,75	15	4,5
Baltimore and Ohio — Actions ordinaires	8	8	10	10	10	10	10	10	10	10
New-York New-Haven and Hartford	10	10	6	6	6	6	6	6	6	6
Boston and Maine — Actions privilégiées	6	6	6	9	9	9,5	9	8	8	6
Boston and Maine — Actions ordinaires	8	9,5	10	9	9	2	3,5	8	8	3
Fitchburg — Actions privilégiées [1]	»	7	7	7	7	7	7	2	2	0
New-York and New-England — Actions privilégiées [1]	»	7	7	7	7	7	7	0	0	0
Philadelphia and Reading	0	0	0	0	0	0	0	0	0	0
Central Railroad of New-Jersey	0	0	0	0	3	6	6,5	7	7	7
Delaware and Hudson	6	5	5	6	7	7	7	7	7	7
Delaware Lackawanna and Western	7,75	7	7	7	7	7	7	7	7	7
Lehigh Valley	6	4	4,5	5	5	5	5	5,25	4	0
Chesapeake and Ohio	»	»	0	»	0	0	0	0	0	0
Norfolk and Western — Actions privilégiées [1]	0	0	0	1,5	3	3	3	2,5	0	0
Illinois Central	8	7,5	7	7	5,5	6	5	5	5	5

Louisville and Nashville	0	4	4	5	6[3]	5[2]	5[2]	0	0
Mobile and Ohio	0	0	0	0	0	0	0	0	0
Chicago and Alton	8	8	8	8	8	8	8	8	8
Wabash	»	»	»	»	»	»	»	»	»
Cincinnati Hamilton and Dayton — Actions privilégiées	4	4	4	4	4	4	4	4	1
Cincinnati Hamilton and Dayton — Actions ordinaires	»	»	»	»	»	»	»	6	7
Chicago and Eastern Illinois. Actions privilégiées[1]	5	5	5	5	5	0	0	0	0
Chicago and Northwestern. Actions privilégiées	6	6	6	4,5	6[2]	6	7,5	7	7
Actions ordinaires	7	7	7	7	7	7	7	6	6,5
Chicago Burlington and Quincy	6	6	6	6	6	6	5	8	8
Chicago Milwaukee and St-Paul — Actions privilégiées	6	5	5	4,25	5	4	6	7	7
Chicago Milwaukee and St-Paul — Actions ordinaires	4,75	7	7	7	7	»	»	»	»
Chicago Rock Island and Pacific	7	7	2	0	0	1,5	2,5	5	5
Union Pacific	4	4	4	3	4	0	6,5	7	7
Southern Pacific company	3,5	4	0	0	0	4	0	0	0
Northern Pacific. Actions privilégiées[1]	0	0	0	0	0	0	0	0	0
Great Northern	0	0	2	4	4	0	»	0	0
Atchison Topeka and Santa Fe	5	5	5	4,75	1	0	3,25	6,25	6
Denver and Rio Grande. Actions privilégiées[1]	0	7	0	0	2,75	»	3,75	2,5	»
Missouri Pacific	0	0	0	2,5	4	4	5,25	7	7
Rio Grande Western	0	3,75	5	3,75	0	»	»	»	»

1. Les actions ordinaires de cette compagnie n'ont reçu aucun dividende.
2. Dividendes distribués en actions.
3. Dont 1,99 en actions.

23.

TABLE DES MATIÈRES

CHAPITRE III

Le régime légal.

CHAPITRE IV

Faillite et reconstitution des Compagnies.

CHAPITRE V

Concours financier des autorités publiques.

CHAPITRE VI

Consolidation ou formation des grands réseaux.

CHAPITRE VII

Quelques mots sur les principaux réseaux.

Tableaux statistiques.

Coulommiers, — Imp. PAUL BRODARD. — 774-95.

Librairie classique. ARMAND COLIN et Cⁱ⁰.

QUESTIONS DU TEMPS PRÉSENT

Pensons-y et Parlons-en, par M. JEAN HEIMWEH. 1 brochure in-16. » 50

Triple-Alliance et Alsace-Lorraine, par M. JEAN HEIMWEH. 1 brochure in-16. 1 50

L'Alsace-Lorraine et la Paix. La dépêche d'Ems, par M. JEAN HEIMWEH. 1 brochure in-16. 1 »

Ouvrage adopté par la Commission ministérielle pour les Bibliothèques populaires, communales et libres.

La Question d'Alsace dans une âme d'Alsacien, par M. ERNEST LAVISSE. 1 brochure in-16. » 50

Le Devoir présent, par M. PAUL DESJARDINS. 1 brochure in-16. 1 »

Ouvrage honoré d'une souscription du Ministère de l'Instruction publique et admis par la Commission ministérielle des Bibliothèques populaires.

Le Rôle social des Universités, par M. MAX LECLERC. 1 brochure in-16. 1 »

Ouvrage honoré d'une souscription du Ministère de l'Instruction publique et admis par la Commission ministérielle des Bibliothèques scolaires.

L'Ame française et les Universités nouvelles selon l'esprit de la Révolution, par M. JEAN IZOULET. 1 brochure in-16. 1 »

Ouvrage honoré d'une souscription du Ministère de l'Instruction publique.

L'État et l'Église, par M. CHARLES BENOIST. 1 brochure in-16. 1 »

Le Gouvernement de l'Algérie, par M. JULES FERRY. 1 brochure in-16. 1 »

Discours prononcés au banquet Franco-Russe (du 26 octobre 1893), par MM. E. MELCHIOR DE VOGÜÉ, TATISTCHEFF, SOUVORINE, E. DE ROBERTY, BONNAT, ÉMILE ZOLA, ANATOLE LEROY-BEAULIEU, KOMAROFF, R. CANIVET, A. HÉBRARD et JULES SIMON. 1 brochure in-16. 1 »

Mac-Mahon, par M. GERMAIN BAPST. 1 br. in-16. 1 »

CERCLE D'ÉTUDES POLITIQUES ET SOCIALES

Science, Patrie, Religion, conférence par M. F.-A. AULARD. 1 brochure in-16. 1 »

Ouvrage honoré d'une souscription du Ministère de l'Instruction publique.

EDWARD A. FREEMAN

Histoire générale de l'Europe par la Géographie politique, par EDWARD A. FREEMAN, membre honoraire du collège de la Trinité, à Oxford. Traduit de l'anglais par M. GUSTAVE LEFEBVRE, avec une préface de M. ERNEST LAVISSE, de l'Académie française, professeur à la Faculté des lettres de Paris. 1 vol. in-8° de 700 pages, broché, avec atlas in-4° cartonné, renfermant 73 cartes ou cartons. 30 »

Ouvrage honoré de souscriptions du Ministère de l'Instruction publique, approuvé par la Commission ministérielle des Bibliothèques pédagogiques et adopté pour les lycées et collèges de garçons et de filles (Bibliothèques des professeurs, Bibliothèques de quartiers, Livres de prix).

En publiant l'ouvrage intitulé : *The historical Geography of Europe*, titre que nous traduisons par « **Histoire générale de l'Europe par la Géographie politique** », M. FREEMAN s'est proposé, comme il l'a dit, de déterminer quelle a été, suivant les époques, l'étendue des territoires occupés par les différents États et nations de l'Europe, de tracer les limites que chacun de ces pays a possédées et les différentes significations qu'ont les noms qui servent à les désigner.

Dᴿ FUNK

Histoire de l'Église, par le Dʳ FUNK, traduite de l'allemand par M. l'abbé HEMMER, licencié en théologie, de l'Institut catholique de Paris, avec une préface de M. l'abbé DUCHESNE, membre de l'Institut, professeur à l'Institut catholique de Paris. 2 vol. in-18 jésus, brochés. 8 »

L'ouvrage du Docteur Funk témoigne d'une longue et précieuse expérience de l'enseignement. C'est un livre clair, heureusement distribué, qui peut fournir à la lecture, même rapide, des renseignements bien classés, et à l'enseignement oral un excellent thème à développements. A ce dernier point de vue, on peut apprécier la réserve de l'auteur à l'endroit des théories et des applications. Son livre est assez objectif pour ne point gêner les maîtres qui auraient en tête quelque philosophie de l'histoire et croiraient utile d'en faire part à leurs élèves.

JAMES BRYCE

Le Saint Empire romain germanique et l'Empire actuel d'Allemagne. — Étude sur l'Allemagne au moyen âge, par M. JAMES BRYCE, ancien professeur de droit romain à l'Université d'Oxford, membre du Parlement, président du Board of Trade ; traduit par M. ÉMILE DOMERGUE, avec une préface de M. ERNEST LAVISSE, de l'Académie française, professeur à la Faculté des lettres de Paris. 1 vol. in-8°, broché. **8 »**

Cet ouvrage contient l'analyse des idées principales et dominantes qui gouvernent l'histoire du moyen âge. Il discute la conception formée par Grégoire le Grand et reprise par Boniface VIII d'une église et d'un empire universels, basés sur la domination de Rome. Il explique cette conception d'après les livres et les ouvrages d'art au moyen âge, et montre son influence décisive sur le cours des événements en Europe.

Il donne en même temps un aperçu de l'histoire de l'Allemagne et de l'Italie depuis la chute de l'Empire romain d'Occident jusqu'à l'époque de Napoléon.

ERNEST DENIS

Fin de l'Indépendance bohême : I. *Georges de Podiébrad. Les Jagellons.* — II. *Les premiers Habsbourgs. La Défenestration de Prague*, par M. ERNEST DENIS, ancien élève de l'École normale supérieure, professeur à la Faculté des lettres de Bordeaux. 2 vol. in-8°, brochés. **15 »**
Ouvrage honoré d'une souscription du Ministère de l'Instruction publique.

C'est en s'inspirant des documents originaux et des travaux publiés à Prague que M. Denis écrit l'histoire des Tchèques. Il étudie les conséquences dernières de la révolution hussite, qui fut le prologue de la Réforme, et les dramatiques péripéties par lesquelles se préparent la restauration de l'Église catholique et l'établissement de la domination germanique en Bohême.

M. Denis nous donne un tableau complet et vivant de cette période si troublée, et son livre sera lu avec intérêt et avec fruit par tous ceux qui s'occupent d'histoire religieuse, comme par ceux qu'intéressent la formation de l'Europe moderne et les grands problèmes de l'histoire contemporaine.

Librairie classique ARMAND COLIN et Cⁱᵉ.

PAUL VIOLLET

MEMBRE DE L'INSTITUT

Histoire des Institutions politiques et administratives de la France, par M. Paul Viollet, membre de l'Institut, bibliothécaire de la Faculté de droit de Paris. 2 vol. in-8°, brochés.— *En vente*, tome Iᵉʳ ; période gauloise, période gallo-romaine, période franque. 8 »

L'ouvrage de M. Viollet est divisé en trois grandes périodes qui correspondent à l'histoire des principales races qui se sont succédé sur notre sol : période gauloise, période gallo-romaine, période française. Entre ces deux dernières se place la période franque, qui sert tout à la fois de préface à la période française et d'annexe à la période gallo-romaine.

L'auteur a eu constamment en vue les institutions politiques et administratives, l'organisation judiciaire, qu'on ne saurait distinguer dans ses origines historiques de l'organisation politique et administrative, et il espère qu'on reconnaîtra que, dans ces limites, le présent ouvrage contient des renseignements utiles et beaucoup de faits.

PAUL GUIRAUD

Les Assemblées provinciales dans l'Empire romain, par M. Paul Guiraud, maître de conférences à l'Ecole normale supérieure, chargé de cours à la Faculté des lettres de Paris. 1 vol. in-8°, broché. 7 50

Ouvrage couronné par l'Académie des Sciences morales et politiques.

M. Guiraud étudie dans cet ouvrage une des institutions les plus singulières et les moins connues de l'antiquité.

Dès le début de l'Empire romain, on voit apparaître partout des assemblées provinciales qui devaient se maintenir jusqu'aux invasions barbares. Il va sans dire qu'elles ne sortirent pas du néant ; on trouve des traces d'une organisation pareille avant Auguste, et même, dans certaines contrées, avant les conquêtes de la République. Mais c'est sous l'Empire qu'elles prirent leur forme définitive.

Cet ouvrage, a reçu en 1886, de l'Académie des sciences morales, le prix Bordin. Dans la séance publique où cette récompense lui fut décernée, M. Geoffroy, président, déclarait qu'il était « fait de main de maître ».

P. FONCIN

Géographie générale, par M. P. Foncin, ins-
pecteur général de l'Université. 112 cartes ou cartons en couleur placés en regard du texte. — Gravures
et profils. — Relief du sol. — Hydrographie. — Voies
de communication. — Agriculture. — Industrie. —
Commerce. — Statistique. — Index alphabétique
contenant 6 500 noms géographiques. 1 vol. in-4° carré
de 252 pages, relié toile.   **12 »**

*Ouvrage honoré de souscriptions des Ministères de l'Instruction publique
et de l'Agriculture, approuvé par la Commission ministérielle des Bibliothèques
scolaires et adopté pour les lycées et collèges de garçons et de filles (Bibliothèques
des professeurs, Bibliothèques de quartiers, Livres de prix.)*

Ouvrez un traité ou un dictionnaire de géographie, vous y trou-
verez rarement des cartes, et, s'il y en a, elles sont en très petit
nombre. Feuilletez un atlas, le texte explicatif fait défaut. En
réunissant en un même livre toutes les cartes d'un Atlas et tout
le texte d'une Géographie, nous espérons avoir produit une œuvre
d'un genre inédit.

Notre **Géographie générale** est donc, sous une forme relativement restreinte, un manuel, un *livre de main*, comme disent
nos voisins d'outre-Rhin ou d'outre-Manche, aussi court, mais
aussi complet que possible. Il vise à la concision, sans s'interdire,
sur les points essentiels, des développements de quelque étendue.
Il s'étudie à ne rien dire de trop comme à ne rien omettre d'important. Les détails de nomenclature physique, politique ou économique, les renseignements de statistique comparée sont placés
en vedette, en tête de chaque chapitre. Ils sont faciles à consulter
et nous avons essayé de leur donner leur relief propre, sans nuire
à la perspective de l'ensemble. Ils allègent le texte qui peut courir
sur les sommets des choses, sans s'attarder ni se perdre en route.
Dé loin en loin, des chapitres accessoires, composés en plus petits
caractères, résument des groupes de faits secondaires, qui offrent,
croyons-nous, un réel intérêt, mais qui peuvent demeurer au
second plan ; ces *lectures* condensent en quelques lignes des pages
nombreuses, n'en prennent que l'essentiel ; elles sont destinées en
même temps à reposer le lecteur ; elles sont pour lui des haltes
sur l'infini chemin des terres et des eaux, des villes et des peuples.

Cette Géographie-Atlas, attrayante et pratique à la fois, sera
d'une très grande utilité aux gens du monde, comme aux hommes
d'étude. *L'index alphabétique*, qui la termine, invite aux recher-
ches, les rend promptes et faciles

Librairie classique ARMAND COLIN et Cⁱᵉ.

CHAILLEY-BERT

La Colonisation de l'Indo-Chine. *L'expérience anglaise*, par M. J. CHAILLEY-BERT, membre du Conseil supérieur des Colonies. 1 v. in-18 jés., br. **4 »**

Ouvrage honoré des souscriptions des Ministères de la Marine et de l'Instruction publique.

L'auteur part de cette idée fondamentale que le temps est venu pour la France, non plus de conquérir, mais d'organiser ses colonies, de les faire administrer par des fonctionnaires bien au courant des mœurs et des besoins des races qui les peuplent. Dans un chapitre final, l'auteur énumère quels enseignements la France peut retirer des exemples donnés par l'Angleterre dans la colonisation de Hong-Kong et de la Birmanie.

La Hollande et les Fonctionnaires des Indes néerlandaises, par M. J. CHAILLEY-BERT. 1 brochure in-16. **1 »**

J.-B. BAILLE

Un Épisode de l'Expansion de l'Angleterre. Lettres au *Times* sur l'Afrique du Sud, traduites avec l'autorisation spéciale du conseil de rédaction du *Times*, avec une Introduction, par M. le colonel BAILLE. 1 vol. in-18 jésus, avec une carte de l'Afrique australe, broché. **3 50**

Ouvrage honoré de souscriptions du Ministère de la Marine.

La formation d'*une Fédération de l'Afrique australe* et les merveilleuses destinées qui semblent réservées à cette fédération, tel est le sujet des *Lettres au Times.*

Le colonel Baille appelle notre attention sur la récente ouverture des ports de Lorenzo-Marquez dans le Transvaal et de Beïra dans le pays Matabélé. Si l'on prend garde que ces deux ports sont en somme bien plus rapprochés de Marseille, par Suez, que de Londres et de Liverpool, il ne paraîtra pas déplacé d'espérer pour nos armateurs une considérable extension de marché. Nos commerçants, nos marins, nos industriels ont donc tout intérêt à se familiariser avec cette question.

Cahiers coloniaux de 1889, réunis et présentés par M. HENRI MAGER, membre du Conseil supérieur des Colonies. 1 vol. in 18 jésus, broché. **4 »**

Librairie classique ARMAND COLIN et Cⁱᵉ.

A. ESPINAS

Histoire des Doctrines économiques, par M. A. ESPINAS, professeur à la Faculté des lettres de Bordeaux, chargé du cours d'Histoire de l'Économie sociale à la Faculté des lettres de Paris. 1 vol. in-18 jésus, broché.   **3 50**

Ouvrage adopté pour les Lycées et Collèges de garçons et de filles.
(Bibliothèques de professeurs, Bibliothèques de quartiers, Livres de prix).

On trouvera dans ce livre des études générales sur chaque école et l'analyse de tous les ouvrages importants.

L'auteur a exposé chaque doctrine par ses aspects les plus apparents, sous sa forme historique la plus concrète, laissant le plus souvent possible la parole aux auteurs.

ALFRED DE FOVILLE

La France économique. Statistique raisonnée et comparative, par M. ALFRED DE FOVILLE, professeur au Conservatoire des Arts et Métiers, chef du bureau de statistique du Ministère des Finances, ancien président de la Société de statistique de Paris. 1 vol. in-18 jésus, cartonné à l'anglaise, avec cartes et diagrammes.   **6 »**

Ouvrage approuvé par la Commission ministérielle des Bibliothèques
populaires et des Bibliothèques scolaires.

Bulletin de l'Office du Travail, publié par le Ministère du Commerce, de l'Industrie, des Postes et des Télégraphes. Paraît tous les mois. Prix du numéro : **20** centimes. Abonnement annuel (*de janvier*).

France.   **2 50**

Colonies et Union postale.   **3 50**

Chaque numéro du *Bulletin de l'Office du Travail* est divisé en quatre parties. Les deux premières sont consacrées au Mouvement social en France, au Mouvement social à l'Etranger : elles renferment les documents de statistique tirés des meilleures sources. Une troisième partie est réservée aux Actes et Documents officiels. La quatrième partie comporte une Bibliographie très complète des ouvrages, monographies, articles de revue traitant du Mouvement social.

Librairie classique ARMAND COLIN et Cie.

COURS ADHÉMAR

Traité de Géométrie et de Trigonométrie. 3e édition, revue et corrigée. *Texte et planches.* 2 v. in-8°, 34 planches. **8** »

Géométrie plane, application de l'algèbre ; géométrie dans l'espace et trigonométrie.

Traité de Géométrie descriptive. 5e édition, revue et augmentée. *Texte.* 1 fort vol. in-8°, broché, et un *Atlas* in-folio de 103 planches, 525 gravures. **22** »

Théorie des cylindres et cônes circulaires, projections auxiliaires, plans cotés, rectifications et quadratures des courbes.

Traité des Ombres. 3e édition, revue et corrigée. 1 vol. in-8°, broché, et un *Atlas* in-folio de 41 planches. **22** »

Lumière du soleil, plans coupants et tangents, ombres brisées, points brillants, teintes, perspective cavalière.

Traité de Perspective linéaire. 3e édition, revue et augmentée. 1 vol. in-8°, broché, et un *Atlas* in-folio de 81 planches. **34** »

Perspective des plans ; élévations, ombres, application des principes.

Traité de la Coupe des pierres. 8e édition, 1 vol. in-8°, broché, et un *Atlas* in-folio de 86 planches, broché. **34** »

Notions de géométrie descriptive, application des principes, épures.

Traité de charpente. 4e édition. 1 vol. in-8°, broché, et un *Atlas* de 66 planches in-folio. **42** »

Notions spéciales de géométrie descriptive, assemblages, pans de bois, planchers, fermes, combles, courbes, escaliers, etc.

Traité des Ponts biais. 3e édition. 1 vol. in-8°, broché, et un *Atlas* de 26 planches in-folio. **26** »

Appareil hélicoïdal, taille par buveau, conditions d'équilibre, joints, plans, appareil orthogonal, joints cylindriques.

DU MÊME AUTEUR :

Beaux-Arts et Artistes. 1 vol. in-12, broché. **2** »

Révolutions de la mer. Déluges périodiques. 3e édition. 2 vol. in-8°, brochés. *Texte et planches.* **8** »

www.ingramcontent.com/pod-product-compliance
Lightning Source LLC
Chambersburg PA
CBHW070250200326
41518CB00010B/1748